全国技工院校市场营销专业任务驱动型教材（高级技能层级）
全国高等职业学校市场营销专业教材

SHICHANG YINGXIAOXUE

市场营销学

（第二版）

主　编：李焕荣
主　审：刘子龙

中国劳动社会保障出版社

图书在版编目(CIP)数据

市场营销学/李焕荣主编. -- 2版. -- 北京：中国劳动社会保障出版社，2018
全国技工院校市场营销专业任务驱动型教材. 高级技能层级 全国高等职业学校市场营销专业教材
ISBN 978-7-5167-3388-2

Ⅰ. ①市… Ⅱ. ①李… Ⅲ. ①市场营销学-高等职业教育-教材 Ⅳ. ①F713.50

中国版本图书馆 CIP 数据核字(2018)第 112814 号

中国劳动社会保障出版社出版发行

(北京市惠新东街1号 邮政编码：100029)

*

北京市科星印刷有限责任公司印刷装订 新华书店经销

787毫米×1092毫米 16开本 9.5印张 179千字

2018年8月第2版 2025年5月第7次印刷

定价：20.00元

营销中心电话：400-606-6496

出版社网址：http://www.class.com.cn
http://jg.class.com.cn

简介

本书为国家级职业教育规划教材，适用于全国技工院校市场营销专业（高级技能层级）和全国高等职业学校市场营销专业，由人力资源社会保障部教材办公室组织编写。

本书从市场营销的基本流程入手，主要介绍了市场营销的基础知识和实践方法，具体内容包括：认识市场营销、市场调查与选择、营销策划、营销实施、营销效果评价等。本书采用了任务驱动的编写思路，将理论知识融入到具体的任务情境当中，帮助学生更好地理解和掌握所学知识。

本书配有电子课件，可通过职业教育教学资源和数字学习中心（http://zyjy.class.com.cn）免费下载。

本书由李焕荣任主编，何灵、侯瑾任副主编，张婷婷、刘畅、关博参加编写，刘子龙任主审。

目录 CONTENTS

模块一　认识市场营销

市场营销学自20世纪初在美国诞生以来，经过一个世纪的不断丰富和完善，现已被广泛应用于社会各类组织，特别是经济组织的营销实践，推动着社会经济的蓬勃发展。本模块立足于对市场营销学的宏观把握，通过对核心理念的理解及对市场营销过程的掌握，使读者对市场营销有一个基本的认识，从而对学习市场营销学产生一定的兴趣，为后续知识点的学习打下良好的基础。

知识目标

- 了解市场营销的概念
- 了解市场营销的基本过程及各环节的作用

能力目标

- 能对企业的营销过程进行分析

案例引入

原台塑集团董事长王永庆，早年因家贫读不起书，只好从老家来到嘉义开一家米店。那时，嘉义已有米店近30家，一些老字号的米店分别占据了周围大的市场，竞争非常激烈。当时仅有200元资金的王永庆，只能在一条偏僻的巷子里承租一个很小的铺面。他的米店开办最晚，没有知名度，没有任何优势。由于规模小，资金少，没法做大宗买卖，只能专门搞零售。而那些位置好的老字号米店在经营批发的同时，也兼做零售，没有人愿意到他这家偏僻的米店买货。王永庆曾背着米挨家挨户去推销，但效果不好。新开张的那段日子，生意冷冷清清，困难重重。

王永庆感觉到要想使米店在市场上立足，自己就必须有一些别人没做到或做不到的优势才行。仔细思考之后，他很快从提高米的质量和服务的细节上找到了突破口。

20世纪30年代的台湾，农村还处在手工业的状态，稻谷收割后铺放在马路上晒干，然后脱粒，沙子、小石子之类的杂物常常掺杂在里面。虽然客户在做米饭之前都要浪费时间多淘几次米，大家却习以为常。同时，年轻人整天忙于生计，买米的任务大多只能由老人来承担，且老年人要自己把米运送回家，非常辛苦。

王永庆却从这一司空见惯的现象中找到了切入点，带领两个弟弟一点一点地将掺杂在米里的杂物拣干净，然后再出售，而且主动送货上门。他每次给新客户送米，就细心记下这户人家米缸的容量，问明这家有多少大人和小孩吃饭，每人的饭量如何，估算出该户人家下次买米的大概时间。到时候，不等客户上门，他就主动将米送到客户家里。王永庆给客户送米，还要帮人家将米倒进米缸里。如果米缸里还有米，他就先将旧米倒出来，将米缸擦干净，再将新米倒进去，将旧米放在上层。这样，陈米就不至于因存放过久而变质。王永庆这一精细的服务令不少客户深受感动，赢得了许多客户。

在送米的过程中，王永庆还了解到，当时大多数家庭都以打工为生，生活并不富裕，许多家庭都还未到发薪日，就已经囊中羞涩。由于王永庆是主动送货上门的，要货到收款，有时碰上客户手头紧，一时拿不出钱的，他也可不即时收钱，而是约定到发薪之日再上门收钱。

王永庆精细、务实的服务，使嘉义人都知道在米市马路尽头的巷子里，有一个卖好米并送货上门的王永庆。有了知名度后，王永庆的生意日益兴隆。经过一年多的资金积累和客户积累，米店扩大了产品的经营范围，又开办了碾米厂，在离最繁华街道不远的临街处租了一处比原来大好几倍的房子，临街的一面用来做店面，后面用来做碾米厂。就这样，王永庆从小小的米店生意开始了他后来问鼎中国台湾地区首富的事业。

请思考并解决以下问题。

1. 王永庆面对最初的困境，是怎样打开市场销路并将米店做大的？在其成功的过程中，经历了哪些营销过程？

2. 如果由你继续经营这家米店，你认为接下来还应做好哪些营销工作，为什么？

相关知识

一、市场营销的内涵和核心理念

1. 市场营销的内涵

市场营销，是个人和集体通过创造，提供出售，并同别人自由交换产品和价值，以获得其所需之物的一种社会过程。此定义是由“现代营销学之父”美国西北大学教授菲力普·科特勒提出的。他说：“市场营销最简短的解释是发现还没有被满足的需求并满足它。这是一个整体思维体系，你的成功不是跟着别人做别人已经做成功的事，而是找到人们想买却只有你能卖的东西。”

由以上定义可以看出，市场营销的内涵主要包括：

（1）市场营销是一种创造性行为

即营销者不但要发现客户的现实需求并满足它，激发客户的潜在需求并满足它，而且自己还要有创新的营销行为。

(2) 市场营销是一种自愿交换产品从而满足人们需要的行为

营销者与客户自由交换产品，满足需求。

(3) 市场营销是一个复杂的系统管理过程

它不仅包含营销者与消费者之间的经济活动、企业的内部经济活动管理、企业与竞争者之间的关系处理，而且还涉及企业、消费者与社会三者之间的关系管理。

2. 市场营销的核心理念

市场营销的核心理念是发现消费者的需求，甚至是创造消费者的需求，并及时满足消费者的需求。这种需求无论是现实的还是潜在的，营销者都要满足它。

从引导案例可以看到，所有米店基本上都能做到满足消费者的现实需求，即通过出售“米”，满足客户“买米维持身体的营养需求”。而消费者的需求不是单一的，还存在大量的潜在需求，如对高质量的米、送货上门、其他细节服务等方面的需求，而当时只有王永庆米店能够满足这些需求，所以说，王永庆米店的营销过程真正体现了市场营销的核心理念。

二、市场营销的基本过程

市场营销的基本过程包括市场调查与选择、营销策划、营销实施与营销效果评价，如图 1—1 所示。

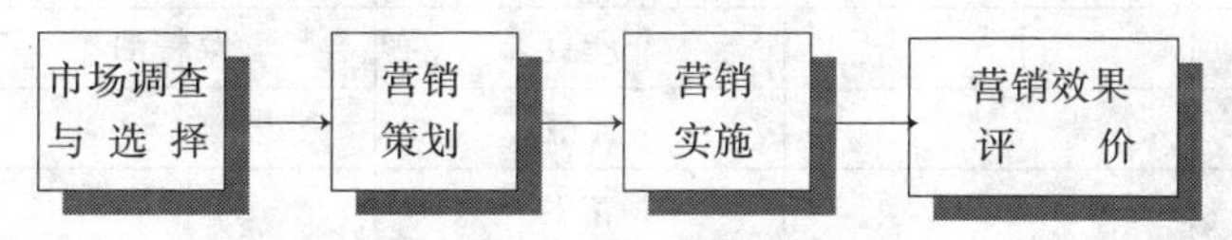

图 1—1　市场营销的基本过程

营销者通过市场调查发现消费者的现实需求和潜在需求，正确分析营销环境，选择适合本企业的细分市场，通过一系列的营销策划进行合理的产品组合、产品定价和产品品牌的建设，通过对营销渠道的运营和促销方式的选择进行营销实施，对销售效果和渠道效果的评价进行营销管理手段和营销渠道的完善，从而圆满地完成整个营销过程。

1. 市场调查与选择

市场调查与选择是营销者通过对市场环境信息的收集、整理和分析，发现消费者的真正需求，然后对消费者市场进行细分，同时分析消费者的购买行为，总结出对本企业不利或有利的因素，选择适合本企业的市场。

引导案例中，王永庆通过调查发现，规模较大的老字号米店只是满足了消费者的一般现实需求——“维持身体的营养需求”，而忽略了消费者对产品质量和服务质量这些潜在的需求，自己的米店在资金、规模和地理位置上虽不占优势，却还有大可利用的发展空间。他据此调整了营销策略，将去掉米中杂质、送货上门、暂缓回收货款时间等消费者需要满足的潜在需求变为自己经营的突破口，结果证明了他的决策是非常正确的。

2. 营销策划

营销策划包括产品组合策划、产品品牌策划、产品生命周期的应用和产品价格策划。企业进行营销策划，是根据市场需求完善产品组合，在消费者心中树立良好的产品品牌形象，根据本企业产品和竞争企业状况对本企业产品给出合理的市场价格，针对产品所处的不同市场生命周期提出不同的营销策略。

就本案例而言，当时的王永庆米店不可能进行更多的营销策划。那么，如果把米店放在今天的市场中，王永庆米店的营销策划有哪些值得肯定的地方，又有哪些还可以进步的空间？

（1）做好产品组合策划

在市场调查的基础上，应将米店所经营的米的种类、数量、质量进行合理搭配，如果在北方，米店的产品组合可以见表 1—1。

表 1—1　米店产品组合

米类	面类	豆类	油类	深加工产品类
大米	白面	黄豆	豆油	面条
小米	玉米面	绿豆	花生油	饺子皮
玉米	荞麦面	红豆	葵花籽油	馄饨皮
高粱米		爬豆	菜籽油	
糯米		黑豆		
		花生		

米店不但要满足消费者对一般米产品的需求，而且还要更加方便消费者，满足其对五谷杂粮和深加工产品的需求。

（2）完善产品品牌和企业品牌建设

通过给消费者提供细致周到的服务，树立企业的诚信品牌和服务品牌，使被服务过的消费者变成企业的回头客和忠诚客户。

即使在今天看来，王永庆米店在当时的经营过程中，对于服务品牌建设已经取得了较大的进步。从去除米的杂质、送货上门、帮客户将新米倒到米缸里，到记下新客户米缸的容量、估计下次买米的大概时间，再到送米后约定上门收取货款时间，无一不体现了王永庆米店在树立企业形象方面的细致用心，使企业和产品品牌在消费者心目中树立了良好的形象。

（3）制定具有竞争力的产品价格策略

具有竞争力的产品价格策略，并不仅仅是指“低价格”，而是在保证产品质量和服务质量的前提下，相对于竞争对手而言客户能够接受的价格。

本案例中，虽然看不出王永庆米店当时采取的价格策略，但是，我们完全可以判断出王永庆米店产品的价格一定是具有竞争力的，即在提高产品质量和服务质量的前提下，确定客户能够接受的价格，所以才会使客户深受感动，赢得了许多客户。由于米店经营的产品“需求价格弹性”（本定义具体参考“模块三中的任务 4”）较小，因此，通过降低价格不可能长久达到大幅增加销售量的目的。据此可以对王永庆米店的价格策略提出如下建议，见表 1—2。

表 1—2　　米店的产品价格策略

价格策略项目	建议价格策略	适用情况	说明
新产品价格策略	温和定价策略	新产品上市	在获得一般利润的同时，通过提高服务质量，吸引客户，赢得好感
统一定价策略	本区域内价格相同	在一个地区经营多家连锁米店，提供相同质量的同一种产品	这种定价有助于树立企业童叟无欺、远近一价的企业形象，同时有助于企业对产品价格的管理
差价策略	分级差价策略	适用于同种产品不同的等级	对于同一类产品的不同等级采取分级价格策略，以便于客户选购，满足不同层次的消费需求
	品牌差价策略	适用于同种产品中的不同品牌	已在消费者心目中成为名牌的产品，其价格略高于同类产品的其他品牌，不但能满足消费者的心理需求，而且还能鼓励企业创名牌
心理定价策略	尾数定价策略	适用于米店的所有产品	企业利用客户求廉和定价准确的心理，保留了尾数，使客户感觉定价认真、准确、合理，从而对价格产生信任感

（4）根据产品所处的不同市场生命周期采取不同的营销策略

产品市场生命周期包括投入期、成长期、成熟期和衰退期。产品投入期宜采取的营销策略有快速掠取或缓慢掠取、快速渗透或缓慢渗透等策略，产品成长期宜采取的营销策略有改善产品品质、寻找新的细分市场、改变广告宣传重点、适时降价等策略，产品成熟期宜采取的营销策略有市场调整、产品调整、市场营销组合调整等策略，产品衰退期宜采取的营销策略有继续策略、集中策略、收缩策略、放弃策略等（详见“模块三中的任务 3”）。

本案例中，在产品的投入期，即王永庆米店刚开张的那段时间里，王永庆从背着米挨家挨户去推销、去除米中杂质、送货上门，到约定回收货款时间二次上门收款等，充分体现了“低价格、高促销费用”的快速渗透的营销策略。

3. 营销实施

营销过程的合理实施、营销管理水平的不断提高，是企业稳健经营的保障。

营销实施包括营销渠道实施、人员推销、广告宣传和公共关系管理等方面。营销实施的目的是建立适应本企业的营销渠道体系，通过人员推销、广告宣传和公共关系管理，在保障企业正常运营的基础上，进一步扩大企业的销售，增强企业的产品形象、品牌形象和社会形象，以期达到可持续经营的目的。

本案例中，王永庆米店最初运用的是“人员推销”手段，即“背着米挨家挨户去推销”，由于效果不太好，企业及时改变了营销措施。通过送货上门、帮助客户擦净米缸，将新米先放下面，旧米放上面和约定上门收取货款等细微服务，增加了与客户双向沟通与交流的机会，使企业与客户的关系达到了非常融洽的程度，这些均体现了公共关系管理中对“客户”这一“公众”的管理。

4. 营销效果评价

企业要想在经营过程中获得真正的进步，就必须不断及时地对自己的经营活动进行有效评价。企业的营销效果评价包括销售效果评价和渠道效果评价。通过对销售、市场占有率、盈利性、目标达成率和效果递进率等进行分析，对销售效果进行合理评价；通过对营销渠道的绩效评估、渠道改进和渠道差距等进行分析，对渠道效果进行合理评价。

本案例中，王永庆米店在刚开张时，是由推销人员“背着米挨家挨户去推销”的，通过一段时间的实践，销售效果并不理想，企业对此及时给出了正确评价，并为后续改进销售方式提供了客观依据。此后，在经过一年多的经营后，企业又对营销渠道进行了客观评价，即由于客户规模的不断扩大和客户新需求的不断产生，企业只是在这个偏僻地方的一个米店已经不能满足客户的需求了，于是企业“在离最繁华街道不远的临街处租了一处比原来大好几倍的房子，临街的一面用来做店面，后面用来做碾米厂”，从而进一步完善了自己的营销渠道。

通过以上分析，我们已经将“案例引入”中的“思考问题 1”分析完成，同时基本掌握了企业经营的过程以及经营过程中应当采取的营销策略。因此，对“思考问题 2”可以给出以下建议。

（1）企业在粮食经营上采取进一步的“深加工、多元化”经营方式，即在保持传统特色经营与服务的基础上，适时增加方便食品类、速冻食品类的加工与经营。

（2）增加经营网点。

（3）统一采购，就近加工。

（4）加强经营过程的控制和管理。

（5）适时涉足其他相关行业，进行真正的“多元化”经营。

思考与练习

某酒厂是一个年产万吨左右的县级小型国有企业。2012 年，该酒厂亏损额达几百万元，濒临倒闭。2013 年 12 月，该酒厂厂长带领两名业务员到东北地区去开拓市场，在当地政府部门的支持下，企业做了媒体广告宣传，20 天后即敲开沈阳的市场大门，并于 2014 年进入整个东北市场。此后的 2015 年，该酒厂又分别进入西安、长沙等重点市场。虽然企业已经扭亏为盈，占据了一定的市场，但企业领导者并没有就此止步不前，而是在某电视台的黄金时段大做广告，提高了产品知名度，使市场需求快速增长。

问题：该酒厂作为偏于一隅的县级小型企业，面对市场需求的快速增长，该如何做好下一步的经营管理工作？为什么？请给出具体的操作方法。

模块二　市场调查与选择

企业的有效经营离不开科学的调查、预测和决策。调查和预测是对市场未来的科学判断，决策是对企业经营方针和策略的确定。首先，通过市场调查，获取客户和竞争对手等的相关资料；其次，进行市场分析，了解市场环境及其优势、劣势；再次，通过分析消费者购买行为，准确地获取销售时机；最后，通过市场细分，选择适合产品销售的目标市场。通过市场调查与选择，获得客观和系统的市场信息资料，在占有足够信息的基础上，企业先对市场的变化和未来进行准确的预测，再进行决策，才能达到预期的目标。

任务1　市场调查和调查问卷的设计

知识目标

- 掌握市场调查及其程序
- 掌握调查问卷的设计方法

能力目标

- 能设计市场调查方案
- 能设计调查问卷

任务引入

儿童智能手表自问世以来一直受到消费者的高度关注，不少厂家都将目光锁定在儿童这一群体上。目前，已有数十家公司推出了儿童智能手表，各种品牌如雨后春笋般涌入，儿童智能手表成为可穿戴设备领域的热点。面对这样的情形，小不点科技有限公司（以下简称“小不点公司”）为了更好地把握市场机会，打算针对儿童智能手表做一项前期调查研究工作，帮助企业确定是否投入资金开发同类产品。

请思考并解决以下问题。

1. 设计调查方案，选择调查方式和方法。
2. 设计调查问卷。

3. 调查问卷的发放、回收、统计和整理。

任务分析

营销部门要完成这几项工作任务，需要掌握的知识包括市场调查的程序，市场调查的主要方法，调查问卷的设计方法，调查问卷的回收、统计和整理方法等。本任务的相关知识就是围绕这些内容来展开的。

相关知识

一、市场调查及其程序

1. 市场调查的定义

市场调查是以提高营销效益为目的，有计划地收集、整理和分析市场的信息资料，提出解决问题的建议的一种科学方法。它也是一种以客户为中心的研究活动。

2. 市场调查的程序

一般来说，市场调查分为三个阶段，如图 2—1 所示。

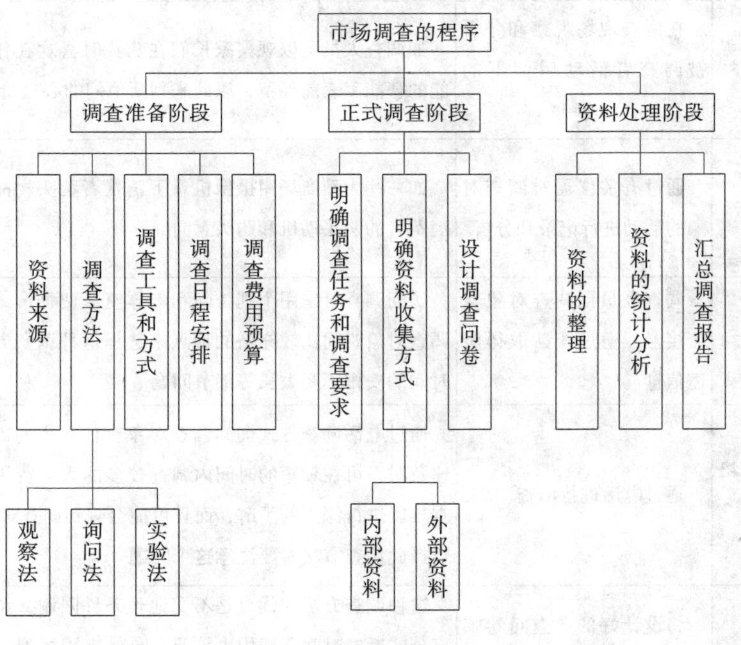

图 2—1 市场调查的程序

（1）调查准备阶段

调查准备是整个过程的开端。在这个阶段，企业的主要任务是确定需要调查的具体问题。问题确定的准确与否，决定着调查能否取得成效。如果问题确定得不准确，整个调查结果将很可能是无效的。调查计划中应确定以下问题。

1）资料来源。市场调查的信息从根本上来说分为两类，即原始数据和二手数据。原始数据是通过现场实施后得到的；二手数据则是指已存在的数据，通过案头研究就可以实现研究目的。例如，从市场调查得到的数据资料就是原始数据，从权威机构、网络、报刊等处收集、查询到的资料就是二手数据。

2）调查方法。企业收集原始资料可以采用的方法主要有询问法、观察法、实验法。调查方法的分类和含义见表2—1。

3）调查工具和方式。在收集原始资料时，可以使用的调查工具主要有调查问卷，即根据调查目的和调查对象而设置的调查表。一般的调查会采用抽样调查的方式，这就需要确定向多少人进行调查。

表2—1　　调查方法的分类和含义

<table>
<tr><th colspan="2">调查类型</th><th>含义</th><th>操作方法</th></tr>
<tr><td rowspan="3">观察法</td><td>直接观察法</td><td>调查人员直接到调查现场进行观察</td><td>如在柜台前观察家长们的购买行为，记录他们对智能手表的挑选情况；在体验店观察儿童们是否被产品吸引，分析体验店设计的吸引力；在公共场所观察儿童是否佩戴智能手表，以分析市场动向，用以开发新产品</td></tr>
<tr><td>痕迹观察法</td><td>在调查现场观察和分析被调查者活动后留下的痕迹</td><td>如调查人员可以观察家长们在购买时喜欢在什么价位或什么功能的智能手表前停留，以此来判断他们的心理价位和功能需求等</td></tr>
<tr><td>行为记录法</td><td>通过有关仪器对调查对象的活动进行记录和分析</td><td>如一些大型商场用摄像机录下消费者购买物品的过程，以分析消费者的购买动机和购买意向</td></tr>
<tr><td rowspan="3">询问法</td><td>访问调查法</td><td>调查人员同调查对象直接接触，通过谈话取得所需信息</td><td>访问调查可采用个别访问和集体座谈两种形式。企业可以根据调查对象时间比较充裕的特点来选择这种调研方法，但是要注意时间的安排不要太长等细节问题</td></tr>
<tr><td>电话调查法</td><td>通过电话进行调查</td><td>通过电话调查方式询问调查对象有什么样的需求。电话调查迅速及时，可在较短的时间内调查较多的人，费用也低。但电话调查难以进行深入的了解，而且可能会碰到调查对象不配合的情况，选择此调查方法时要注意这个问题</td></tr>
<tr><td>邮寄调查法</td><td>将设计好的调查问卷邮寄给调查对象，让其在规定的时间内填好寄回</td><td>这种调查方法的优点是不受地理条件限制，调查对象答题时有充分的考虑时间，费用也较低，同时比较客观，调查对象不受调查人员情绪和态度的影响。但缺点是回收率低，寄出的问卷往往不能如数收回</td></tr>
</table>

续表

调查类型		含义	操作方法
实验法	实验室实验法	把调查对象召集在实验场所进行心理和行为方面的实验	如在测定智能手表广告效果时，可在不受外界干扰的某个工作室内，发给被测试者一本广告样本，让被测试者在一定的时间内从头到尾阅读，然后再让他们回答哪一种形式的广告给他们留下的印象最深和能够引起他们的购买欲望。这种方法常用于研究消费者的心理
	市场试验法	把市场作为试验场所进行试验性调查	在测定产品的具体形式时，可以把所设计的不同规格、功能、价格、颜色的智能手表，在选定的商场进行试销，观察购买者的反应，然后根据消费者的意见，决定采用何种规格、何种款式、何种价格和何种颜色。这种方法获得的资料比较真实准确，但调查成本很高

4）调查日程安排。调查日程的安排涉及人员、时间和具体活动内容三个要素。

5）调查费用预算。在编制调查预算时，通常先把某项调查的所有活动或事件都一一列明，然后估算每项活动的费用，最后再汇总。预算应具有一定的灵活性，即预算金额要有一个上下差额幅度，如某调查项目的预算为58 000(元)×(1±10%)。

（2）正式调查阶段

正式调查阶段主要包括以下内容。

1）明确调查任务和调查要求。市场调查是一项繁杂而细致的工作，因此要让调查人员明确每一个阶段自己的调查任务，了解每项调查内容的要求，确定采用什么样的调查方法。

2）明确资料收集方式。资料的收集应遵循“先里后外，由近及远”的原则。即先从企业内部收集，后从企业外部收集；先收集时间相隔较近的，后收集时间相隔较远的。具体收集的资料有以下两种。

① 内部资料。例如，企业内部的推销员、技术员、调研人员、产品经理、公关经理和企业的代理商、经销商和广告代理商等提供的有关信息资料，这些资料一般被称为内部资料。

② 外部资料。外部资料除了由相关人员通过一定的方法实地调查获得之外，还可以从相关行业组织机构、文献资料、网络信息、企业外部知情人员和专业调查公司等处获得。例如，工作人员可以通过图书馆、各级商会、贸易促进机构、同业公会、研究所、银行、消费者协会和其他企业的各种出版物及网站收集到所需资料。

3）设计调查问卷。问卷设计是一项十分细致的工作，一份好的问卷应做到内容简明扼要，信息包含齐全；问卷问题安排合理，合乎逻辑，通俗易懂；便于对资料进行分析处理。

（3）资料处理阶段

这是调查活动的最后阶段，包括以下程序。

1）资料的整理。对所收集的资料要审核其真实性和准确性，检查是否有无效的调查答卷和白卷，不符合问卷调查要求的无效答卷和白卷不能列为统计对象。例如，发放10 000份调查问卷，回收10 000份，但有1 000份是没有按照要求回答的问卷，这些问卷被视为无效的问卷，不能列为统计对象，则回收率就是90%，所以最后的统计就要以9 000份为基础进行。

2）资料的统计分析。对收集的资料进行整理后，要客观、全面、准确地进行分析，按照不同的调查问卷内容分类、统计、制成图表，以便有效使用。

统计方法即把每项调查项目的“选择人数”除以整体有效调查对象总数，求得“数据百分比”。如上例9 000人中，有4 500人常去大型超市购买饮料，那么喜欢去超市购买饮料的比率就是50%，而不是45%（从4 500除以10 000得出）。

3）汇总调查报告。调查报告是用来陈述调查基本情况和提出调查结论的书面表达形式，其中调查结论是调查报告的核心内容。调查报告要清楚地总结出调查报告的主题是什么，采用什么样的调查方法，经过哪些调查过程，得出什么样的调查结论等，然后向企业高层相关领导呈报，为企业高层领导的决策提供依据。

二、调查问卷的构成和设计方法

无论是访问调查法、电话调查法还是邮寄问卷调查法，都会用到调查问卷，那么调查问卷怎么设计才合理，从而能够达到所希望的效果呢？

我们先看一个调查问卷的例子。

××城市智能手机市场竞争状况调查问卷

您好！我们是××技工学校的学生，正在做一项关于××城市手机市场竞争状况的调查，请您抽出宝贵时间客观地回答以下问题，我们将非常感谢您的支持！

1. 您的基本情况：

（1）性别：________ （2）年龄：________ （3）职业：________________

（4）月收入：________

①2 000元以下 ②2 000~5 000元 ③5 000~8 000元 ④8 000元以上

2. 您开始使用手机的年份是：________________

①2010年及以前 ②2010—2012年 ③2013—2015年 ④2016—2017年

3. 您共购买（或使用）过的手机数量是：______________

①1部 ②2部 ③3部 ④4部及以上

4. 您现在使用的手机品牌是：

（1）国外品牌______

①苹果　②三星　③其他

（2）国产品牌______

①华为　②小米　③vivo　④其他

5. 影响您购买手机的主要因素有（请选三项）：______

①品牌　②质量　③款式　④价格　⑤功能

⑥广告　⑦销售员推销　⑧其他

6. 假设您想近期购买手机，您会考虑如下哪些功能（可多选）：______

①摄像　②音乐　③健康　④网络

⑤都无所谓　⑥其他

7. 假如您是手机制造商，您希望开发出什么样的手机产品呢？

______

时间：______年______月______日；地点：______；

调研员：______

从该案例可以得知，调查问卷是营销人员在向调查对象做访问调查时用以记录调查对象的态度与意愿的书面形式，是按一定项目和次序，系统记载调查内容的表格。采用此种形式进行调查，可以使调查内容标准化和系统化，便于资料的收集和处理，而且它又具有形式短小、内容简明、应用灵活等优点，所以在市场调查中被广泛采用。

1. 调查问卷的构成

在市场调查中，设计调查问卷是一项重要的工作，一张完整的调查问卷通常包括以下四个部分。

（1）问卷前言

这部分内容包括填表的目的和要求、调查项目的含义、调查对象应该注意的事项，目的是让调查对象理解填表方法和要求，更好地配合调查。前言应简明易懂，以激发调查对象的兴趣。

（2）调查对象的基本情况

调查问卷所列出的项目，应根据不同的调查目的和要求确定，不需要和无法取得的项目不宜列入。

例如，小不点公司在设计调查问卷时，可以设计调查对象的性别、家庭人口、文化程度、收入、职业、居住地区等项目。

调查对象的有关资料是市场调查的重要构成部分，但有些资料是调查对象不愿意提供的，尤其是与调查人员不熟悉的情况下，这就要求在调查问卷中设计较全面而又合理的有关调查对象的信息资料问题。

（3）问卷主体

这是调查问卷的重要组成部分，使调查内容明确化和具体化。例如，在前面的例子中就把调查内容具体化成：开始使用手机的年份、购买（或使用）过的手机数量、现在使用的手机品牌、影响购买手机的主要因素等项目。

（4）问卷结束语

主要表示对调查对象合作的感谢，并记录下调查人员姓名、调查时间、调查地点等。结束语要简短明了，有的问卷也可以省略。

2. 调查问卷的设计方法

（1）调查问卷的提问方法

调查问卷的提问方法可以分为两类：一类是开放式的，即问卷所提的问题没有事先确定答案，由调查对象自由回答。这类问卷可以真实地了解调查对象的态度与情况，但调查不易控制，五花八门的答案很难归纳统计，上例中的第7题就属于开放式问题。另一类是封闭式的，即调查者将问卷内的题目事先给定了可供选择的答案或范围。这类问卷虽然不够灵活，但便于归纳统计，上例中的前6道题目都是这样的类型。在问卷调查中使用较多的是封闭式问卷。

封闭式问卷的提问方式可以有多种，例如：

1）单项选择题。您购买方便面最重要的原因是什么？

方便□　好吃□　便宜□　营养□　无替代品□

答案是唯一的、排他的。单项选择题的优点是答案分类明确，但排斥了其他可能存在的缘由。

2）多项选择题。您购买方便面的原因主要有哪些？

方便□　好吃□　便宜□　营养□　无替代品□

答案是多项的。多项选择题的优点是较多地了解了调查对象的态度，但统计时比较复杂。

3）是非题。您是否购买过方便面？

是□　否□

答案简明清晰，但只适用于不需要反映态度和程度的问题。

4）事实性问题。您一周购买几次方便面？

□次（将您确定的次数填入□内）

这种问题便于了解调查对象的行为事实。

（2）设计调查问卷的注意事项

调查问卷是按照调查目的的要求设计调查题目，它虽然没有固定的格式，但应该注意以下几个方面。

1）精简性。调查问卷设计的每个题目都是为了取得必要的资料，因此，所列项目要围绕调查课题选定，可列可不列的项目要去掉，同时还要避免重复，应该尽量减轻填表人的负担。

2）明确性。调查问卷中所提的问题，应力求明确，用语应避免使用含混不清的词语。例如，“您觉得××牌智能手表怎么样？”这样的提问就往往得不到准确的答复，会出现各种混合的回答。因为评判商品的标准有许多，如款式、颜色、功能等。如果改成这样提问：“您对××牌智能手表的功能是否满意？”就较为明确了。

此外，还要避免使用引导性或暗示性的提问。例如，“大家都说××牌好，您喜欢××牌智能手表吗？”这样提出问题，容易把回答引向喜欢××牌的方向上去，不如列出不同品牌的智能手表，问其喜欢哪一种。

3）可接受性。调查问卷的设计要易于为调查对象理解和接受。为此，要注意调查对象的身份和文化程度，避免提出调查对象难以回答的问题。

4）技巧性。调查问卷的设计要用新颖的形式和巧妙的手段吸引调查对象参与。例如，提问的语气要自然、温和、礼貌，所提问题要先易后难、由浅入深，逐步把调查引向深入。

5）权威性。调查问卷的内容确定后，要报请相关部门审核。审核通过后才可以大量复印，并结合其他方式开始调查和收集资料。

任务实施

一、调查准备阶段

1. 确定调查主题：儿童智能手表市场现状。

2. 资料来源：以小不点公司销售部门实际调查收集得到的资料为主要依据。

3. 调查方法：本次调查以询问法为主、观察法为辅。

4. 调查工具：主要通过使用调查问卷进行调查，以互联网和其他方式作为辅助调查工具。

5. 调查对象：主要从北京不同区域选择幼儿园、小学以及游乐场，以3~12岁孩子的家长为调查对象。

6. 调查时间：一个月。

7. 费用预算：20 000元。

8. 设计调查问卷

下面就是小不点公司销售部门根据调查目的和对象的特点设计的一份调查问卷。

您好，我是小不点公司的销售人员，这份问卷主要是想了解您对儿童智能手表的看法以及对所购买产品的满意程度，所有问题都请您基于自身想法与感受填写答案，感谢您的合作！

1. 您的性别：(单选题、必答题)

○ 男　○ 女

2. 您是否有 3~12 岁的孩子？(单选题、必答题)

○ 是

○ 否（请跳至问卷末尾，提交问卷）

3. 您的孩子现在多大了？(单选题、必答题)

○ 3~6 岁

○ 7~9 岁

○ 10~12 岁

4. 您是否允许孩子单独（无监护）在室外玩耍？(单选题、必答题)

○ 是

○ 否

5. 和孩子不在一起时，您是否会担心孩子的安全问题？(单选题、必答题)

○ 孩子安全意识很强，不担心

○ 虽然自己陪伴孩子较少，但有其他亲人在看护，不怎么担心

○ 虽然有其他亲人在看护，但还是会担心安全

○ 平时孩子较少有成人看护，较为担心

6. 孩子不在您身边时，您比较担心孩子哪方面的安全问题？(单选题、必答题)

○ 走失、迷路

○ 到危险地方玩耍

○ 受到年龄较大孩子的欺负

○ 其他________________

7. 如果您需要购买一款儿童定位产品，除了具有实时定位功能外，您还希望它具有哪些功能？(矩阵量表题、必答题)

	完全没必要	可有可无	偶尔会用到	较为重要	非常必要
监听	○	○	○	○	○
双向语音通话（亲情号码拨打）	○	○	○	○	○
电子围栏	○	○	○	○	○
紧急报警	○	○	○	○	○
轨迹回放	○	○	○	○	○
激励功能	○	○	○	○	○
家长随行（超出一定安全距离会报警）	○	○	○	○	○

续表

	完全没必要	可有可无	偶尔会用到	较为重要	非常必要
计步功能	○	○	○	○	○
学习功能	○	○	○	○	○
娱乐功能	○	○	○	○	○

8. 对于儿童定位产品，您比较中意购买哪一种？(单选题、必答题)

○ 儿童定位手表

○ 儿童定位书包

○ 儿童定位鞋

○ 儿童 GPS（全球定位系统）定位器

○ 儿童卡通定位手机

○ 其他

9. 对于儿童定位手表产品，您了解以下哪些信息？(多选题、必答题)

□ 它可以定位，让我随时知道孩子位置

□ 遇到危险时，孩子能够紧急报警

□ 具有家长随行功能，离开家长身边几十米固定距离就会报警（适合外出游玩防走失）

□ 有的有监听功能，可以随时听到孩子周围的声音，排除危险

□ 可以设置电子围栏，防止孩子跑到危险地方玩耍

□ 完全不了解

10. 对孩子进行位置查询时，您更希望在什么平台上使用？(单选题、必答题)

○ 平时经常坐在电脑前，用网页平台更方便

○ 经常用手机，有手机应用软件更好

○ 平时经常玩微信，能在微信上查询就很方便

○ 不怎么上网，用短信查询、提醒就很好

11. 除功能外，您最在意儿童定位手表哪方面的性能？(单选题、必答题)

○ 材质安全性

○ 定位精准度

○ 是否防水

○ 待机时间

12. 当需要购买一款儿童定位产品时，什么样的价格您觉得可以接受？（单选题、必答题)

○ 200~400 元

○ 400~600 元

○ 600~800 元

○ 高于 800 元

13. 如果购买一款儿童定位产品，您希望选购哪一款？（单选题、必答题）

○ 无需其他额外费用，只需具有基本功能（实时定位、有限次数监听、紧急报警）

○ 每月付少量流量费，获取如语音对讲等需要流量的功能

○ 每月付基本通信费，具有类似手机的通话功能

○ 不考虑月费如何，但要保证功能

14. 当购买一款儿童定位产品时，您更倾向于以下哪一种？（单选题、必答题）

○ 只购买裸机，自己办理手机卡

○ 机器自带一定流量余额的手机卡，省去购卡麻烦

○ 不使用手机卡

15. 您一般会选择在哪些购物场所购买儿童定位手表？（单选题、必答题）

□ 专卖店

□ 天猫商城

□ 京东商城

□ 购物中心

□ 产品促销会

□ 其他

打扰您了，非常感谢您的配合！

时间：________年________月________日；地点：______________；调研员：______________

二、正式调查阶段

小不点公司销售部门在此阶段采用询问法为主、观察法为辅，并且结合街头提问的方式，使整个调查工作更有效。

街头调查在具体操作时要注意以下几个方面。

1. 准确寻找调查对象

街头人群具体分两种：行走人群和留步人群。留步人群比较好应对，找那些休息或等人的对象，径直走上前去询问他们。如果被拒绝，也要很有礼貌地说：“对不起，打扰您了”。对于行走人群主要观察对方是否是单人行走，步履的缓急，手中是否提有过多的物品，神色是否轻松等，从而判断其是否为可实施调查的对象。

2. 上前询问，注意姿态

当调查对象确定后，就应大胆地上前询问。上前询问时，应该缓步侧面迎上，目光应对准调查对象。当决定开口询问时，应在调查对象右前方或左前方一步处停下。

3. 开口询问，积极应对

良好的开始是成功的一半，开口的第一句话要有准确的称呼、致歉词和目的说明，如“不好意思，先生，能耽误您几分钟做一个调查吗？”此时，良好的心态、微笑的表情、适当的语言表达应协调地配合在一起。

对于询问，调查对象通常会有三种反应。

（1）不予理睬

这说明其对街头拦截调查极度拒绝，调查者表达歉意后就可以结束了。

（2）礼貌拒绝

这时应当针对对方的理由进行回应，如对方说没时间，调查者可以应对说只需一点点时间。

（3）流露出一些兴趣

调查对象询问调查类型，流露出一些兴趣，这时调查者就要把握住机会，向其解释调查的内容，及时递上笔，只要对方接过去，一般就意味着接受调查了。

4. 随步询问，灵活处理

在应对行走人群时，如果对方不愿意停下脚步，就需要跟随对方走几步，同时尽量用话语引起对方的兴趣，切不可直截了当要求对方停下脚步。

5. 谨慎收集被调查者的信息

由于调查对象的信息资料如姓名、年龄、住址、电话等，有时也需要在街头调查中得知。调查一开始先要将调查者的身份、调查的目的、为何要了解他们的基本资料的原因告知调查对象。在调查中要尊重他们的权利，不能强求。

6. 调查完成后的必要工作

（1）当调查对象回答完所有问题后，应当浏览一遍，以防有所遗漏。

（2）向调查对象表示感谢，与其告别。

（3）当完成一次调查后，先不要将问卷取下。展开新的调查时，可以当着调查对象的面将已用过的问卷取下，这样可以使调查对象更易于接受调查。

（4）等到所有的问卷都完成后，需要对问卷进行整理。在调查过程中往往会有废卷和白卷的情况，要注意不能作假或将问卷毁损。在街头调查结束后将所有的问卷交给负责人，这是最原始的资料，需要进行集中整理统计，形成有效的营销信息资料。

三、资料回收、处理阶段

1. 调查资料的收集、整理

小不点公司销售部门共发放了 2 000 份调查问卷，回收 2 000 份，问卷答案符合要求，有效率达 100%。

2. 调查资料的分析

从调查问卷中所显示的年龄分布图可以看出以 3~12 岁的儿童居多，如图 2—2 所示。

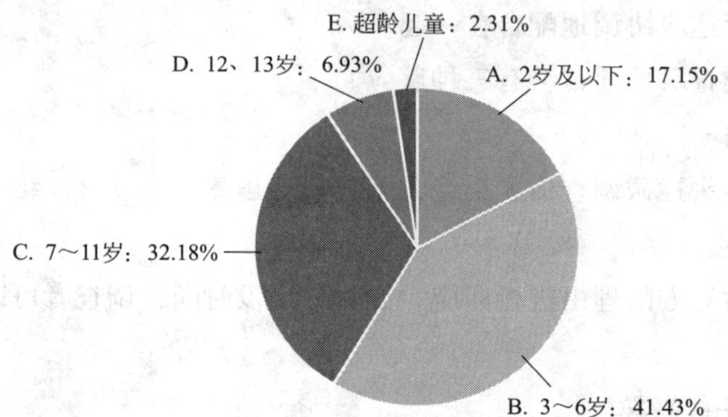

图 2—2　调查问卷中所显示的儿童年龄分布图

在这些调查对象里，超过一半以上的家长愿意购买儿童智能手表，在渴求产品的消费方面有一定空间，这意味着企业是有利润空间的。

购买考虑的因素按照先后排序为打电话、定位安全、看时间等。这个结果可以得到的信息是：企业开发该市场，可以从以上方面考虑，尽量满足消费者的需求，从而帮助企业开拓、占领这个市场并保持竞争优势。调查对象对电话功能的需求分布如图 2—3 所示。

关于具体价位的调查，调查对象选出了自己的心理预期价位，如图 2—4 所示。

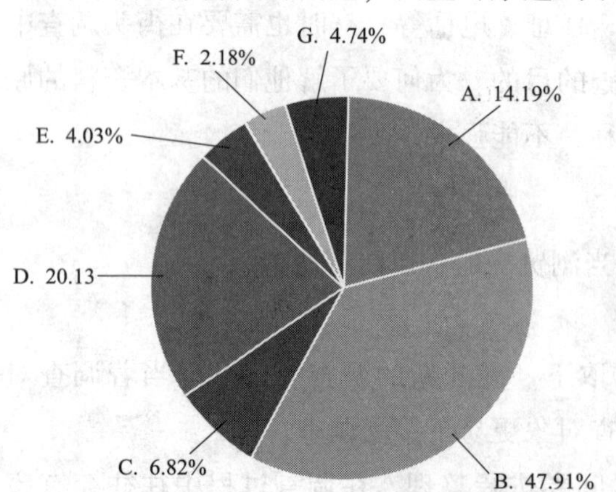

图 2—3　调查对象对电话功能的需求分布

A. 看时间　B. 打电话　C. 拍照片　D. （定位）保证自己安全　E. 交朋友　F. 听故事　G. 其他

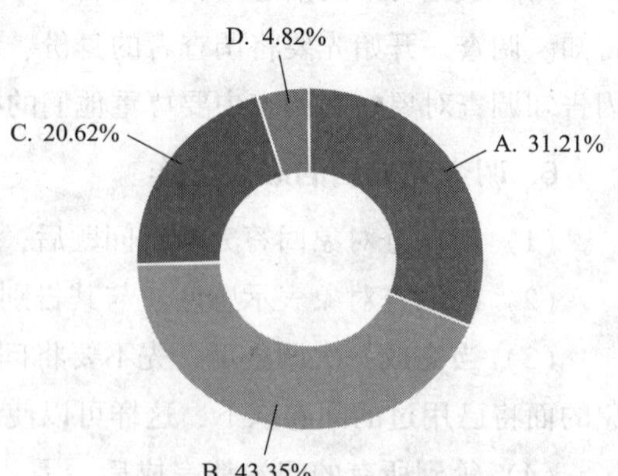

图 2—4　调查对象对价位的预期

A. 200~400 元　B. 400~600 元
C. 600~800 元　D. 800 元以上

调查问卷中的其他问题也采用这样的方式进行分析，在此不一一赘述了。

3. 调查资料的总结

通过对调查问卷的初步总结和分析，可以得出调查结论：小不点公司新的开发项目还是很受消费者欢迎的，具有一定的市场前景。这个结论完全来自于调查结果，为小不点公司管理者做决策提供了依据。

完成调查工作之后，调查人员应结合对企业各种实际情况的分析，列出小不点公司所面临的机会和威胁，如最终决定投入儿童智能手表的开发，则在此基础上，公司需做出有效可行的策划。

思考与练习

中国移动通信公司北京市石景山区高校市场调查

中国移动通信公司为了了解北京市石景山区几所高校移动通信市场情况，将进行一次专项市场调查。通过此次调查，希望能掌握石景山区高校移动通信市场整体情况，分析中国移动通信北京分公司在石景山区高校市场上的前景。

目的：

1. 了解北京市石景山区高校移动通信市场的竞争格局，为中国移动通信公司拓展学生市场提供一定的科学依据。

2. 研究各网络用户消费行为特点及对网络服务质量和网络功能的满意度。

3. 了解网络用户对各种广告宣传形式的认可程度，为广告策划提供依据。

4. 通过实际调查，进一步熟悉和掌握市场调查的步骤、方法与手段，使学生初步掌握市场调查与分析的能力。

问题：运用市场调查方法对消费者环境进行调查，并结合案例设计一份调查问卷。

任务 2　分析市场环境

知识目标

➢ 掌握市场环境的定义

➢ 掌握市场环境的分析方法——SWOT 分析法

能力目标

➢ 能分析市场环境因素，找出企业面临的机会和威胁

➢ 能撰写市场环境调查分析报告

任务引入

苹果公司是美国的一家高科技公司，核心业务为电子科技产品，在高科技企业中以创新而闻名，知名的产品有第二代苹果电脑（Apple Ⅱ）、麦金塔电脑（Macintosh）、苹果笔记本电脑（MacBook）、苹果播放器（iPod）、苹果商店（iTunes）、苹果一体机（iMac）、苹果手机（iPhone）和苹果平板电脑（iPad）等。

苹果手表（Apple Watch）是苹果公司于 2014 年 9 月发布的智能产品，包括苹果手表、苹果手表运动版（Apple Watch Sport）和苹果手表奢华版（Apple Watch Edition）三个不同风格的系列。苹果手表采用人造蓝宝石水晶屏幕与全新传感系统触摸技术（Force Touch），有多种颜色可供选择。三个系列都于 2015 年 4 月 10 日接受预订，4 月 24 日起正式发售。2015 年 9 月 10 日，苹果又推出了多个新版本的苹果手表，包括新增配色、爱马仕版的皮制表带以及多种颜色的表带。2016 年 9 月 8 日，苹果秋季新品发布会宣布“宠物小精灵 Go”登录苹果手表，该游戏已经有 5 亿下载量，玩家在这个游戏中已经走了 46 亿公里的路程。2017 年 9 月 13 日，苹果发布了第三代苹果手表。

请针对中国市场上的苹果手表产品进行市场环境分析。

任务分析

环境因素对于企业来说既存在机会，也存在风险，它们之间的关系是非常密切的。环境对企业的营销工作也会带来很大的影响。

例如，某企业的原材料供应商，突然减少对这个企业原材料的供应量，这势必直接影响该企业的生产和销售总量，这就是环境给企业带来的风险；再如，国家新出台的某项政策如果对某个行业是利好的，那么，与这个行业相关的企业都会得到迅速的发展，这就是环境给企业带来的机会。

不同的企业面对的环境是不一样的，所以不论做出何种决策，都要重新进行环境分析，最后再利用 SWOT 分析法得出该企业目前面临的机会和风险，最终帮助企业做出正确的决策。

相关知识

一、市场环境的含义和分类

市场环境是指与企业营销活动有潜在关系，直接或间接影响企业营销活动的所有外部力量和相关因素的集合。根据企业的营销活动受制于企业环境的紧密程度来分，市场环境可以分为微观环境和宏观环境，如图 2—5 所示。

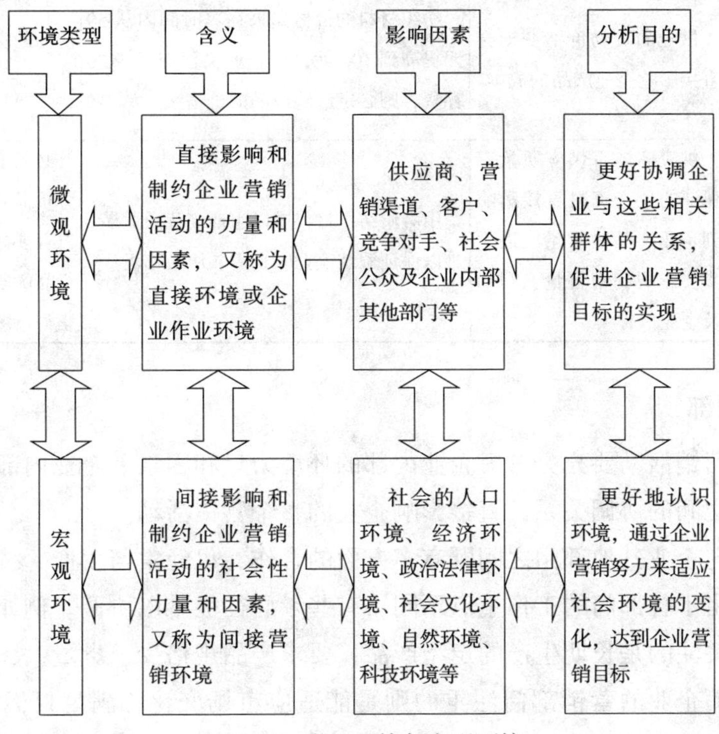

图 2—5　微观环境与宏观环境

二、微观环境分析

1. 供应商

供应商是指向企业及其竞争对手供应各种所需资源的企业和个人，包括提供原材料、设备、能源、劳务和资金等。这些资源的变化直接影响到企业产品的产量、质量以及利润，从而影响企业营销计划和营销目标的完成。

供应商对企业营销活动的影响见表 2—2。

表 2—2　**供应商对企业营销活动的影响**

供应商情况	作用	示例	企业应对策略
供应的及时性和稳定性	原材料、零部件、能源及机器设备等货源的保证供应，是企业营销活动顺利开展的前提	棉纺厂不仅需要棉花等原料来进行加工，还需要设备、能源作为生产手段与要素，任何一个环节在供应上出现了问题，都会导致企业的生产和销售活动无法正常开展	必须和供应商保持良好的关系，必须及时了解和掌握供应商的情况，分析其状况和变化

续表

供应商情况	作用	示例	企业应对策略
供应的货物价格变动	供应的货物价格变动会直接影响企业产品的成本	纺织材料的价格如果在短时间内从50元提高到100元，而企业又没有足够的存货，则必定影响成品的价格	必须密切关注和分析供应商的货物价格变动趋势，使企业应变自如，早做准备
供货的质量保证	供应商能否供应质量有保证的生产资料直接影响到企业产品的质量，进一步会影响到销售量、利润及企业信誉	用劣质纺织材料难以生产出优质服装，难以保证服装企业长期占领服装市场	必须了解供应商的产品，分析其产品的质量，使之符合要求，从而保证自己产品的质量，赢得消费者，赢得市场

2. 企业内部

企业开展营销活动要充分考虑企业内部的环境力量和因素。企业内部各职能部门的工作及其相互之间的协调关系，直接影响企业的整个营销活动。

营销部门与企业其他部门之间既有多方面的合作，也经常与生产、技术、财务等部门发生矛盾。由于各部门的工作重点不同，有些矛盾往往难以协调。例如，一个大型企业的生产部门关注的是长期生产的定型产品，要求产品规格少、批量大、订单标准、质量管理稳定；而企业的营销部门注重的则是能适应市场变化，满足目标消费者需求的“短、平、快”产品，要求企业产品规格多、批量小、质量管理能适应个性化订单要求。所以，任何企业在制订营销计划和开展营销活动时，必须协调和处理好各部门之间的矛盾和关系。

3. 营销渠道

营销渠道是指为企业营销活动提供各种服务的企业或部门的总称。营销渠道的主要功能是帮助企业推广和分销产品。营销渠道具体类型的含义、作用及重要程度见表2—3。

表2—3　营销渠道具体类型的含义、作用及重要程度

营销渠道类型	含义	作用	重要程度
中间商	把产品从生产商流向消费者的中间环节或渠道，主要包括批发商和零售商两大类	帮助企业寻找目标客户，为产品打开销路，为客户创造地点效用、时间效用和持有效用	必须与中间商建立良好的合作关系，必须了解和分析其经营活动，并采取一些激励性措施来推动其业务活动的开展
营销服务机构	协助企业确立市场定位，进行市场推广，为企业提供活动便利的机构，包括广告公司、广告媒介经营公司、市场调查公司、财务公司等	这些机构提供的专业服务对企业的营销活动会产生直接的影响	企业需要关注、分析这些服务机构，选择最能为本企业提供有效服务的机构

续表

营销渠道类型	含义	作用	重要程度
物流机构	帮助企业进行保管、储存、运输的机构，包括仓储公司、运输公司等	协助企业将产品实体运往销售目的地，完成产品空间位置的移动	物流机构是否安全、便利、经济，直接影响企业的营销效果
金融机构	企业营销活动中进行资金融通的机构，包括银行、信托公司、保险公司等	为企业营销活动提供融资及保险服务	在现代化社会中，任何企业都要通过金融机构开展经营业务往来

4. 客户

客户是指使用进入消费领域的最终产品或劳务的消费者和生产者，也是企业营销活动的最终目标市场。客户对企业营销的影响程度远远超过前述的其他环境因素。客户是市场的主体，任何企业的产品和服务，只有得到了客户的认可，才能赢得市场，现代营销强调把满足客户需要作为企业营销管理的核心。

一般说来，客户来自于五种不同的市场。

（1）消费者市场

消费者市场是指为满足自身需要而购买的一切个人和家庭构成的市场。这个客户群是大部分企业所要面对的终端消费群，对企业营销计划的实施起着非常重要的作用。如对于小不点公司来说，这个市场也是其要努力争取的市场。

（2）生产者市场

生产者市场是指为生产其他产品或服务，以赚取利润而购买产品或服务的组织。

（3）中间商市场

中间商市场是指购买产品或服务用于转售，且从中盈利的组织。

（4）政府市场

政府市场是指购买产品或服务，以提供公共服务或把这些产品及服务转让给其他有需要的政府机构的组织。

（5）国际市场

国际市场是指国外购买产品或服务的个人及组织，包括外国消费者、生产商、中间商及政府。

上述五类市场的客户需求各不相同，要求企业以不同的方式提供产品或服务。这些客户的需求、欲望和偏好直接影响企业营销目标的实现，为此，企业要注重对客户进行研究，分析客户的需求规模、需求结构、需求心理以及购买特点，这是企业营销活动的起点。

5. 公众

公众是企业营销活动中与企业营销活动发生关系的各种群体的总称。公众对企业的态度会对企业的营销活动产生巨大的影响，它既可以帮助企业树立良好的形象，也可能妨碍企业良好形象的建立。企业所面临的公众类型及影响见表 2—4。

表 2—4　　公众类型及影响

公众类型	含义	内容	影响
金融公众	指影响企业获得资金能力的团体	银行、投资公司、证券公司、股东等	对企业的融资能力有重要的影响
媒体公众	指报社、网络媒体、杂志社、电视台和广播电台等大众传播媒体	互联网、报纸、杂志、电台、电视台等	掌握传媒工具，社会联系广泛，能直接影响社会舆论对企业的认识和评价
政府公众	指政府有关部门	税务局、工商局、城管局等	它们所制定的方针、政策对企业营销活动起到促进或限制的作用
社区公众	指企业所在地附近的居民和社区团体	物业管理部门、居委会等	如果没有和社区公众处理好关系，则可能会阻碍企业经营
内部公众	指企业内部的公众	董事会、监事会、内部员工、股东等	企业的营销活动离不开内部公众的支持

6. 竞争对手

竞争对手的状况变化将直接影响企业的营销活动，竞争对手对企业营销活动的影响见表 2—5。

表 2—5　　竞争对手对企业营销活动的影响

竞争对手类型	含义	示例	企业应对策略
愿望竞争者	提供不同产品以满足不同需求的竞争者	电视机制造企业的愿望竞争者就是生产冰箱、洗衣机等不同产品的企业	大型企业需要考虑多元化经营，中小型企业可做精做专
平行竞争者	提供能够满足同一种需求的不同产品的竞争者	自行车、摩托车、小轿车都可作为家庭交通工具，这三种产品的生产企业必定存在一种竞争关系，它们由此而相互成为平行竞争者	企业应重视分析平行竞争者，因为高科技的发展迅猛无比，许多替代品的出现对企业的冲击是十分巨大的
产品形式竞争者	指生产同种产品，但提供不同规格、型号、款式的竞争者	摩托车有 50、70、125、750 等型号，两轮摩托车有两冲程和四冲程之分。这些专业生产企业就是产品形式竞争者	同行业的竞争者是企业必须特别重视的竞争者，要注意分析卖方密度、产品差异、进入难度三个方面的问题

三、宏观环境分析

企业在分析宏观环境时要分析以下因素，见表 2—6。

表 2—6　　宏观环境因素

环境类型	内容	影响	示例
人口环境	人口是市场的第一要素。人口的性别、年龄、民族、婚姻状况、职业、收入、居住分布地等都对市场格局产生着深刻影响，从而影响着企业的营销活动	企业应重视对人口环境的研究，密切关注人口特性及其发展动向，及时调整营销策略以适应人口环境的变化	如果收入水平不变，人口越多，对食物、衣着、日用品的需求量也越多，市场也就越大
经济环境	经济环境是影响企业营销活动的主要环境因素，包括收入因素、消费支出、产业结构、经济增长率、货币供应量、银行利率、政府支出等因素	收入因素、消费结构对企业营销活动影响较大	人均收入或家庭收入的高低会影响很多产品的市场需求。一般来讲，人均收入或家庭收入高，对消费品需求大，购买力也大；反之，需求小，购买力也小
政治和法律环境	政治和法律环境是影响企业营销的重要宏观环境因素，包括政治环境和法律环境	政治环境引导着企业营销活动的方向，法律环境则为企业规定经营活动的行为准则。政治与法律相互联系，共同对企业的市场营销活动产生影响和发挥作用	政府制定的法律政策、财政政策如果对某个行业利好，那么对于相关企业的营销活动肯定会带来促进作用
社会文化环境	社会文化环境是指在一种社会形态下已经形成的价值观念、宗教信仰、风俗习惯、道德规范等的总和	任何企业都处于一定的社会文化环境中，企业营销活动必然受到所在社会文化环境的影响和制约	受教育程度的高低会导致消费者对商品款式、包装和服务要求的差异
自然环境	自然环境是指自然界提供给人类各种形式的物质资料，如阳光、空气、水、森林、土地等	政府加强环境保护的立法，这对企业营销提出了新的课题。对营销管理者来说，应该关注自然环境变化的趋势，并从中分析企业营销的机会和威胁，制定相应的对策	自然资源短缺，使许多企业将面临原材料价格大涨、生产成本大幅度上升的威胁，直接导致售价提高，进而影响消费者的购买力
科技环境	科技环境中的科学技术是社会生产力中最活跃的因素	它影响着人类社会的历史进程和社会生活的方方面面，企业可以利用科技的优势为本企业提高服务质量和降低服务成本	随着多媒体和网络技术的发展，出现了“电视购物”“网上购物”等新型购买方式。企业可以利用这些方式进行广告宣传、营销调查和推销商品

四、营销环境分析方法——SWOT 分析法

1. 案例

现以某房地产经营企业想开发某商务写字楼的环境分析为例来理解 SWOT 分析法，

具体见表 2—7。

表 2—7　　某房地产经营企业环境分析对照表

机会	风险
1. 商务写字楼市场需求潜力大 2. 企业拟开发的地段处于本市规划中的中央商务区范围内，具备良好的升值潜力 3. 政府对开发商务用房较为支持，有优惠政策	1. 房地产企业受宏观经济因素影响大，波动性强 2. 商品住宅市场趋于饱和 3. 房地产项目融资困难 4. 市场竞争激烈、本企业知名度不高
优势	**劣势**
1. 企业管理能力、市场应变能力强，发展势头平稳 2. 领导班子团结，中层干部能力强 3. 设计人员素质高 4. 具有较强的质量意识	1. 企业整体规模不大，属中小型开发商 2. 首次涉足商务用房市场，开发经验欠缺 3. 项目资金不足 4. 营销策划、市场推广能力差

通过表 2—7 可以了解到该房地产经营企业面临的形势。

第一，企业有住宅开发经验，却遇到了商品住宅市场供应饱和的威胁。

第二，企业如转为开发商务写字楼，一方面竞争激烈，另一方面企业缺乏开发和销售经验。

第三，企业虽整体规模不大，但管理水平高，市场应变能力强，设计与质量控制人员素质高。

第四，拥有具有增值潜力的开发用地，能够获得政府支持。

通过以上分析，该开发商只要大力加强市场营销力量，就有可能成功进入商务用房市场，并形成良性循环。

通过上述案例，可以知道 SWOT 分析就是结合环境对企业带来的环境机会和环境威胁进行评价，弄清楚企业相对于其他竞争者所处的相对优势和劣势，帮助企业制定竞争战略。它的主要优点是简便、实用而且有效，通过对照分析把外部环境中的有利和不利条件、内部环境中的优势和劣势联系起来。

2. SWOT 分析

（1）企业优势和劣势

企业优势和劣势分析实质上就是对企业所面对的微观环境分析的总结，或称企业实力分析。

优势是指企业相对于竞争对手而言所具有的长处，如人力资源、技术、产品优势以及其他特殊实力。具有充足的资金来源、高超的经营技巧、良好的企业形象、完善的服务体系、先进的工艺设备、与买方和供应商长期稳定的合作关系、融洽的雇员关系、成本优势等，都可以形成企业优势。

劣势是指影响企业经营效率和效果的不利因素和特征，它们使企业在竞争中处于劣势地位。一个企业潜在的弱点主要表现在：缺乏明确的战略导向、设备陈旧、盈利较少甚至亏损、缺乏管理、缺乏知识、缺少某些关键的技能、内部管理混乱、研究和开发工作落后、企业形象较差、销售渠道不畅、营销工作不得力、产品质量不高、成本过高等。

（2）环境机会和风险

市场营销环境是指影响企业市场营销活动及其目标实现的各种因素和动向。企业的机会与风险均存在于市场环境中，因此，机会与风险分析实质上就是对企业外部环境因素变化的分析。

环境机会是对企业营销行为富有吸引力的领域，在这一领域里，该企业将拥有竞争优势。环境风险是环境中一种不利的发展趋势所形成的挑战，如果不果断采取市场营销行动，这种不利趋势将损害企业的市场地位。

任务实施

一、宏观环境分析

1. 人口环境

青年白领及高端人士追求新颖、时尚的产品，追求体验个性化的消费，还有一部分中年人则比较关注自身的健康状况，同时对新兴产品也有好奇感，而且这些消费者具备购买能力，有能力满足自己的个性化需求。

2. 经济环境

随着经济的发展，人们消费水平的提高，生活必需品的档次也在变化，人们对生活必需品有了更高的要求。

3. 政治和法律环境

苹果公司是美国的一家高科技公司，中国作为其产品的强大销售市场，其销售渠道和相关政策已逐渐成熟，这为苹果手表登陆中国市场提供了良好的政治和法律环境。

4. 科技环境

苹果手表依托苹果公司强大的科研创新及开发能力，以追求人性化的创新设计为理念，总能给人一种惊喜，使人们尽情享受高端科技带来的便捷。

5. 文化环境

苹果公司通过推出笔记本、平板电脑、手机等搭载相同系统的一系列产品，使它们通过个人账户彼此相互联接，逐步实现高科技产品的创新化及人性化。此举不仅让苹果公司增添了新活力，更重要的是，它还改变了人们的消费和使用高科技产品的通常模式，使高科技和人们的日常生活更加紧密地联系在一起。

二、微观环境分析

1. 企业内部环境

苹果公司有着一支强大的科技创新研发团队，他们以“变革”为口号，专注于创新设计。首先，每位员工都必须明确苹果公司比其他任何一家公司都更加注重产品的设计，注重了解消费者的需求，懂得如何满足消费者的需求，然后着手将这些要素融入到产品开发。虽然实现起来并不容易，但在管理人员和员工的努力下，苹果公司似乎每次都能恰到好处地完成。

谈到苹果公司的企业文化，就不得不提及该公司对保密工作的态度。不同于行业里的许多其他公司，苹果公司在即将推出新产品时很少会泄密。苹果公司制定有长期的保密制度，奉行的是“保密至高无上”的原则。保密工作提升了苹果产品的被关注度，提高了销售额度，促进了企业的成功。

2. 供应商

苹果公司产品相关零部件的供应主要由几个相对固定的公司来承担。苹果公司会将这些零部件运送到相应的消费区域内，然后在该区域指定一些公司承担组装任务。苹果公司采取这样的方式一是提高了产品的保密性，二是降低了产品成本。

3. 消费者

苹果公司的产品在全世界范围内拥有众多的使用者，他们大多是具有购买力的青年白领及高端人士，而且对苹果公司的产品一直有着狂热的追求，是一群强大的潜在消费对象。

4. 营销渠道

苹果公司一贯的营销渠道有以下三种。

（1）独立分销商

如在中国大陆共有两家，分别为中国邮电器材总公司和深圳天音公司，它们是苹果公司在中国的代理商（简称“国代”），在中国大陆各省会城市和直辖市都设有分公司。

（2）大规模零售商（DKR）

也称直供商或直供客户，如在中国大陆主要有京东商城、天猫商城、国美电器、苏宁电器及全国其他各省共 80 家左右当地最大的电器零售商或手机零售商。

（3）普通零售店（KR）

这些零售店直接从上述两个独立分销商处采购产品进行终端销售。

具体销售途径：实体店体验式销售；网上定制，物流送货上门。

三、SWOT 分析

1. 机会

智能手表销售极具市场潜力。调查结果显示，全球约 55%的人仍佩戴手表。因此，即使只有一小部分佩戴手表的用户升级到智能手表，也是一个巨大的市场，将为智能手表厂商和应用开发商提供巨大的机会。美国某科技博客旗下市场研究机构发布报告称，2018 年全球智能手表销量将达到 9 160 万部，营业收入将达到 92 亿美元。

2. 风险

其他品牌智能手表的上市和更新换代对苹果手表的上市有着不利的影响。

3. 优势

（1）苹果公司的产品有着众多的使用者及追捧者，而且这个群体的构成者以追求时尚及创新的青年白领及高端人士为主，因此具有相当可观的购买力，为苹果手表的上市提供了强大的潜在客户群体。

（2）苹果手表定位为中高端数码科技产品代表，引领电子科技新潮流，这也秉承了苹果公司产品的一贯风格，同时在功能及系统上和苹果笔记本、苹果平板电脑、苹果手机等产品实现了衔接及互补，更能迎合消费者的需要，对潜在的消费对象具有更强的吸引力。

4. 劣势

苹果公司的产品一贯采取“高价值、高价格、高端形象”的“三高”营销策略，而且售后服务不够完善，维修费用普遍较高，一些购买能力较低的消费者难以接受，从而失去这部分潜在的客户群体及市场。

分析结论：

第一，苹果智能手表已从单纯的好看走向了好用。由于对应用场景的理解和优化，使得它能一次次将原本并不被看好的产品快速带入到一个消费者看了就想买的阶段。

第二，苹果打通智能手表采集数据与线下医疗资源的通道。它将为医学研究提供软件基础架构，真正成为监测使用者身体健康的强有力工具，首批开发的应用程序，已经可以初步用于帕金森病、糖尿病、心脑血管疾病的研究，是一款真正实用的健康检测工具。

第三，苹果智能手表引领了信息技术产业与奢侈品产业的融合创新。苹果一次次强化了其在消费者心中的品牌价值，塑造了庞大而忠实的用户群体，这是其他大部分电子产品品牌尚未具备的。

思考与练习

摩登百货登陆广州中泰广场的SWOT分析

中泰广场小资料：中泰广场大型综合项目位于广州市天河区以北的火车东站旁，是广深线、广州向北行驶的特快列车、一号地铁线、几十条公交线路的始发站，总建筑面积为197 476平方米。该项目一期为84 217平方米的大型购物中心和地下车库，其中地下2层、地下3层共20 800平方米为地下车库，地下1层和1~7层裙楼共63 417平方米为超市和大型百货公司，现已交付使用；二期为113 259平方米，高50层，可容纳10 000人的超甲级写字楼。

摩登百货小资料：摩登百货是广州本土的一家民营百货公司，现在广州、南海、衡阳、岳阳各有一家分店。其中，广州店属直营形式，其他三家店都是采取品牌管理输出的形式。摩登百货计划采用直接投资、自己经营的方式把中泰广场打造成为一家小型的购物中心。

问题：进行摩登百货的SWOT分析。

任务3　分析消费者购买行为

知识目标

- 了解消费者满意度及其测评方法
- 掌握消费者的不同购买行为

能力目标

- 能分析消费者购买行为
- 能对消费者满意度进行测评

任务引入

一天下午，一家老年服装店里来了一家人为他们中的老先生选购羽绒服。老先生手拉着一个十来岁的小男孩走在前面，后面是一对中年夫妇。中年女子转了一圈，很快就选中了一件688元的新款羽绒服，要老先生试穿。可老先生不愿意，理由是价格太高，认为最多值200元，而且款式太新潮。中年男子说：“一点儿也不贵，我以为得上千呢，这款您穿着精神，我们买了孝敬您！”可老先生并不领情，脸色也有点难看。营业员见状，连忙说：“老先生您可真是好福气，儿孙如此孝顺，您就别难为他们了。”小男孩也一直摇着老人的手要老先生同意。老先生嘴上说小孩子不懂什么好坏，但脸上已露出了笑容。营业员见此情景，马上请老先生试穿，确定合适后很快将衣服包好，交给了中年夫妇，一家人高高兴兴地走出了店门。

请思考并解决以下问题。

1. 老先生和中年夫妇对产品的需要有什么不同？
2. 老先生对这款服装的满意度如何测评？
3. 试对该款服装的消费者购买行为进行分析。

任务分析

消费者购买行为是发生在消费者市场上最主要的内容。消费者市场是一切市场的基础，是最终起决定作用的市场。

在对消费者购买行为进行分析前，必须对经消费者市场调查后得到的消费者需要进行划分，确认消费者对企业的产品是否满意，最终确定消费者的购买行为，从而实现企业的营销目标。

相关知识

一、消费者满意度测评

在对消费者满意度进行测评前，先要确定消费者需要所属类型，这就要求企业对消费者的需要做出准确的划分。

1. 消费者需要的划分

消费者需要是指消费者在一定的社会经济条件下，为了自身的生存与发展而对商品或服务产生的需求和欲望。一般情况下，我们把消费者需要做以下划分，见表 2—8。

表 2—8　　消费者需要的划分

划分标准	划分类型
按需要的产生划分	生理性需要和社会性需要
按需要对象的性质划分	物质需要和精神需要
按需要的层次划分	生存需要、享受需要和发展需要

例如，选择低档价位餐馆的建筑工人和选择到高档酒店消费的企业老板，他们进餐的需要按产生划分都属于生理性需要；按对象性质划分属于物质需要，其中企业老板得到了安静而优雅的进餐环境，包含精神需要；按其层次划分，建筑工人只想填饱肚子，为的是有劲儿干活，其只需满足生存需要，而企业老板则上升到享受需要，如果请客户吃饭谈生意，则上升到了发展需要。

可见，需要的内容与对象具有一定的复杂性，需要与消费者个体生存发展息息相关，而消费者的需要有共同性，更有个体差异性，这就要求对消费者进行营销时准确划定该消费者想要满足哪一种类型的需要，这也为测评消费者满意度提供了参考。

2. 消费者满意度测评

（1）消费者满意度含义

一般来说，消费者满意度可以从以下两个角度来理解。

一是从消费者角度理解，消费者满意度是消费者对某项产品或服务的消费经验的情感体验，或者说是消费者通过对某项产品或服务的感知效果或结果与其期望值相比较后所形成的愉悦或失望的感觉状态。

二是从企业角度理解，消费者满意度是企业用以评价和增强企业业绩，以消费者为导向的一整套指标。它代表了企业在其所服务的市场中所有购买和消费经验的实际和预期的总体评价。它是企业经营“质量”的衡量方式。

（2）测评方法

基于以上两层含义，可以看出满意程度是消费者对一件产品满足其需要的绩效与期望进行比较所形成的感觉状态，是可感知效果与期望值之间的差异函数，具体表现为：

- 感知效果>期望，高度满意
- 感知效果=期望，基本满意
- 感知效果<期望，不满意

如果感知效果超过期望，消费者就会高度满意或欣喜；如果感知效果与期望值匹配，消费者就会满意；如果感知效果低于期望，消费者就不会满意。因此，避免消费者不满意，尽量满足消费者需要是企业营销的基本目标。另外，消费者对产品的期望和对产品实际消费中的感知效果会因为商品价格的高低，消费者得到服务的满足程度以及消费者情感需求的程度不同而有所不同。测评者还应据此对测评结果做出实事求是的分析。

（3）测评结果分析

从以上分析可看出，消费者满意度测评只能出现两个结果，即满意和不满意，从而引发不同的行动，如图 2—6、图 2—7 所示。

图 2—6 表明当消费者感到满意时可能出现两种状况：一种是消费者采取行动重复购买满意的产品或服务，甚至免费宣传产品或服务；另一种是消费者无任何行动，但在

其心里已经保留了对产品的较好印象，产生了一定的正面效应。图 2—7 表明当消费者感到不满意时，同样出现两种可能：一种是消费者不采取任何行动，但在心理上忍受这种不满意感，这会对产品产生负面效应，消费者会对不满意的产品产生排斥感；另一种是采取行动发泄不满，消费者有可能停止购买，要求商家补偿，宣传产品缺陷，甚至采取媒体曝光以及诉诸法律等方式解决不满。一项调查表明，当消费者对产品或服务不满意时，反应如下：

- 70%的人将到别处购买。
- 24%的人会告诉他人不要购买。
- 17%的人打电话投诉。其中有人甚至诉诸法律或利用媒体曝光。
- 9%的人会责备营销人员。

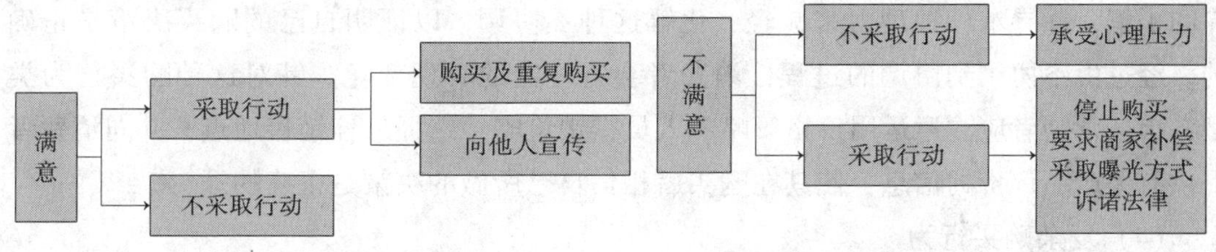

图 2—6　消费者满意分析　　图 2—7　消费者不满意分析

消费者满意度的提高能够让消费者较长期地忠诚于企业产品或服务，购买更多的新产品和提高购买产品的等级。随着满意度的提高，消费者会逐渐忽视竞争品牌和广告，对产品价格敏感度降低，有时还会向企业提出产品或服务建议。当长期客户增多时，由于交易惯例化，企业用于老客户的服务成本要低于用于新客户的服务成本。

二、消费者购买行为确定

了解消费者如何真正做出购买决策之前，需要对消费者的购买行为进行划分，消费者购买决策随其购买行为类型的不同而变化。较为复杂和花钱多的决策往往凝结着购买者的反复权衡和众多人的参与决策。

1. 消费者购买行为的划分

根据参与者的介入程度和品牌间的差异程度，可将消费者购买行为划分为以下四种。

（1）习惯性购买行为

对于价格低廉、经常购买、品牌差异小的产品，消费者不需要花时间进行选择，也不需要经过收集信息、评价产品特点等复杂过程，因此，其购买行为最简单。消费者只是被动地接收信息，出于熟悉而购买，也不一定进行购后评价。这类产品的市场营销者可以用价格优惠、广告、独特包装、销售促进等方式鼓励消费者试用、购买和续购其产品。

（2）寻求多样化购买行为

有些产品品牌差异明显，但消费者并不愿花费时间来选择和估价，而是不断变换所购产品的品牌。这样做并不是因为对产品不满意，而是为了寻求所用产品的多样化。针对这种购买行为类型，市场营销者可采用销售促进、占据有利货架位置、保障供应等办法鼓励消费者购买。

（3）化解不协调购买行为

有些产品品牌差异不大，消费者不经常购买，而购买时又有一定的风险，所以，消费者一般要进行比较、看货，只要价格公道、购买方便、机会合适，消费者就会决定购买。消费者在购买后也许会感到有些不协调或不够满意，其在使用过程中会对产品有更深的了解，并寻求种种理由来减轻、化解这种不协调，以证明自己的购买决策是正确的。经过由不协调到协调的过程，消费者会有一定的心理变化。针对这种购买行为类型，市场营销者应注意运用价格策略和人员推销策略，选择最佳销售地点，并向消费者提供有关产品评价的信息，使其在购买后相信自己所做的决策是正确的。

（4）复杂购买行为

当消费者购买一件贵重的、不常买的、有风险的而且又非常有意义的产品时，由于产品品牌差异大，消费者对产品缺乏了解，需要有一个学习过程去广泛了解产品性能、特点，从而对某种产品看好，最后决定购买。对于这种复杂购买行为，市场营销者应采取有效措施帮助消费者了解产品性能及其重要性，并介绍产品优势及其给购买者带来的利益，从而影响消费者的最终选择。

2. 消费者购买决策过程分析

消费者购买决策过程一般由五个阶段构成，如图 2—8 所示。

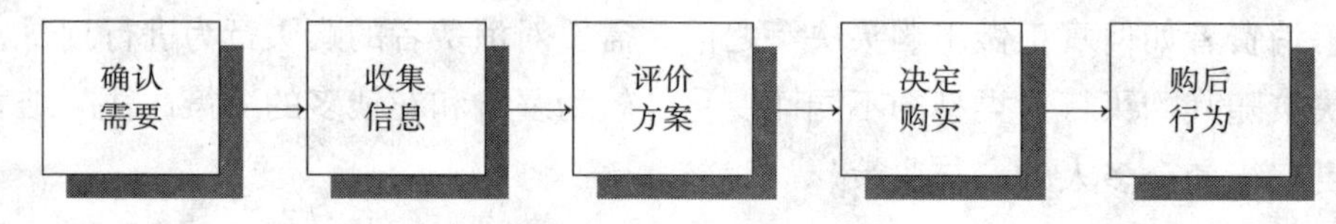

图 2—8　消费者购买决策过程

（1）确认需要

购买者的需要往往由两种刺激引起，即内部刺激和外部刺激。当口渴时，就会产生喝水解渴的动机；看到橱窗中展示的服装非常好看，禁不住驻足细看，甚至产生想买下来的念头……这时，消费者都会在头脑中对需要和欲望加以清理、确认，以决定是否采取行动和如何采取行动。对此，市场营销者应加强对消费者的刺激，以激起消费者购买的动机和欲望。这里要注意两个问题：一是了解那些与本企业的产品有实际或潜在关联的驱使力；二是了解消费者对某种产品的需求强度会随着时间的推移而变动，并且被一些诱因触发。

（2）收集信息

一般来讲，如果消费者的需要不能马上被满足，他们就需要寻找某些信息。消费者信息来源主要有个人来源（如家庭、邻居、朋友、熟人）、商业来源（如广告、推销员、经销商、商品包装、展览会与展示）、公共来源（如大众媒体、消费者评比机构）、经验来源（如处理、检查和使用产品）等。针对这个阶段，企业营销的关键是要能掌握消费者在收集信息时会求助于哪些信息源，并能通过这些信息源向消费者施加影响力（具体方法见本模块任务 1 中的正式调查阶段）。

（3）评价方案

消费者在充分收集了各种有关信息之后，就会进入购买方案的选择和评价阶段。该阶段消费者主要对所收集的各种信息进行整理，形成不同的购买方案，然后按照一定的评价标准进行评价和选择（具体方法见本模块任务 1 中的资料处理阶段）。

（4）决定购买

在购买意图和决定购买之间，有两种因素会起作用：一是他人的态度，如消费者正准备买一款学习机时，别人说其他款式的更便宜，消费者可能就不购买这款了；二是意外情况，如消费者刚要购买时，与其约会的人到了，或是突然想起有要事要办等而放弃购买。市场营销人员必须了解引起消费者有风险感的那些因素，进而采取措施来减少消费者的可觉察风险。

（5）购后行为

消费者购买产品以后如果感到满意，将鼓励其今后重复购买或向别人推荐该产品。如果不满意，具有不协调感的消费者可以通过放弃不用、退货、四处抱怨、诉诸法律等做法来发泄心中的不满，以此来减少不协调感。市场营销人员应采取有效措施尽量减少购买者购后的不满意程度。

3. 消费者购买行为的分析

消费者市场涉及的内容多种多样，在对其购买行为进行划分和对其购买决策过程进行了解之后，从哪里入手进行分析成为至关重要的问题。在分析消费者购买行为时，通常涉及以下七个主要问题。

谁来购买？（Who）⟶ 购买者（Occupants）

购买什么？（What）⟶ 购买对象（Object）

为何购买？（Why）⟶ 购买目的（Objective）

有谁参与？（Who）⟶ 购买组织（Organizations）

怎样购买？（How）⟶ 购买方式（Operations）

何时购买？（When）⟶ 购买时间（Occasions）

何地购买？（Where）——————→ 购买地点（Outlets）

由于七个问题的答案英文字母的开头都是“O”，所以被称为“7O”研究法。营销人员在制定针对消费者市场的营销组合之前，必须先研究消费者购买行为。例如，某皮革厂生产和销售箱包，必须分析研究以下问题：①箱包的消费者市场由哪些人构成？②目前消费者市场需要什么样的箱包？③消费者为什么购买这种箱包？④哪些人会有箱包购买行为？⑤消费者怎样购买这种箱包？⑥消费者何时购买这种箱包？⑦消费者在何处能购买到这种箱包？

经过分析后，皮革生产商可以根据“7O”研究法进行营销策划。例如，对青年消费群体，企业可以生产款式流行的箱包，选择青年消费者经常光顾的商店或是商场作为经销地点，根据不同季节推出不同材质和颜色的箱包，从而最大程度地吸引青年消费群体进行消费。

任务实施

一、老先生和中年夫妇对服装需要的划分

依照消费者需要的划分，老先生和中年夫妇选择服装的需要都属于生理需要。其不同之处在于，按需要对象的性质划分，老先生对服装的需要属于物质需要，而中年夫妇作为晚辈，为老人选购衣服，尽孝敬之心属于满足他们的精神需要。按需要的层次来划分，老先生作为老年人消费群体的代表，对服装的需要一般偏向价格便宜而实用，不讲究款式和流行程度，因此只停留在基本的生存需要层面。而中年夫妇作为下一代人，对服装的需要层次有所上升，讲究款式和流行度，加上为向老人表达孝心，对于价格不是特别在意，因而他们对这款服装的需要上升到了享受需要。

二、老先生和中年夫妇对这款服装的满意度测评

对老先生和中年夫妇的满意度进行简单测评，具体如下：

老先生的满意度测评可以表示为 x_1：200 元 $\leqslant x_1 \leqslant$ 688 元。

即感知效果小于期望值为不满意，价格过高使得老先生一开始不同意购买。

但是，对于中年夫妇而言可以表示为 x_2：688 元 $\leqslant x_2 \leqslant$ 1 000 元。

即感知效果大于期望值为高度满意。

最终交易的完成归功于销售人员，销售人员发现了关键的一点，即孝心是无价的，而且观察到小男孩虽然没有购买能力，但起到了说服老先生的关键作用。明确了付款的消费者是这对夫妇，在化解老先生心理承受的价格压力后，完成了营销目标。

三、对本款服装的消费者购买行为的分析

1. 消费者购买行为的划分

中年夫妇对服装的购买行为属于寻求多样化购买行为，因为服装属于有一定品牌差异的商品，但中年夫妇并不愿花费较长的时间来选择和估价，所以他们选择变换购买服装的品牌，寻求款式的多样化。

2. 消费者购买决策过程分析

（1）确认需要

很明显，在这一消费组织中，为老先生购买羽绒服是本次购买的需要，企业可以采用橱窗展示对消费者进行刺激，将购买者吸引到店里来。

（2）收集信息和评价方案

消费者信息来源主要是销售员、广告以及个人经验，企业主要通过信息的商业来源对消费者施加影响，消费者则对所收集的各种信息进行整理。本任务中，中年夫妇认为这家店的款式和质量适合自己购买。

（3）决定购买和购后行为

本任务中最具代表性的是老先生在决定是否购买时受到小男孩的说服而同意购买，这时销售人员能够察言观色，马上包装衣服，最终完成了本次交易。其中，虽然没有提到购后行为，但本次销售满足了该消费组织中的每一位消费者，这就增加了消费者重复购买的概率。

3. 消费者购买行为的分析

利用“7O”研究法对中年夫妇的购买行为进行分析，具体如下。

购买者（Occupants）——→老年人

购买对象（Object）——→老年人服装

购买目的（Objective）——→为满足老年人的穿衣需要

购买组织（Organizations）——→一家四口

购买方式（Operations）——→从商店购买

购买时间（Occasions）——→冬季

购买地点（Outlets）——→老年人服装店

根据“7O”研究法，可以针对老年人具体采取以下营销措施。

（1）在广告宣传策略上，着重宣传产品的大方实用，易洗、易脱，轻便、宽松等特性。

（2）在媒体的选择上，主要是电视和报刊。

（3）在信息沟通的方式上主要是介绍、提示、理性说服，而力求避免炫耀性、夸张性的广告，不邀请名人、明星。

（4）在促销手段上，主要是价格折扣和展销会。

（5）在销售现场，生产厂商派出中年促销人员，为老年消费者提供热情周到的服务，为他们详细介绍商品的特点和用途，若有需要，可送货上门。

（6）在销售渠道的选择上，主要选择靠近居民区的大商场，并设立老年专柜或老年店中店。

思考与练习

享有“全球快餐第一品牌”美誉的美国麦当劳约有 3 万间分店。麦当劳之所以能够有这样的发展规模，主要在于它把握住了消费者的消费行为规律，并将这种规律具体凝结为公司的座右铭，这就是“质量、服务、清洁、价值”。麦当劳一直把客户需要作为自己的营销决策基础。据该公司的调研报告显示，麦当劳的美国客户中大约有 5%是单独前来就餐的，而其他多数人则结伴而来，其中全家一起来的比例最高，还有的是朋友、同事或生意场上的伙伴一起来就餐。

麦当劳在中国，其产品不断根据中国消费者的口味进行创新，注重产品多元化的发展，使产品的外延不断扩大，得到了消费者的认同。

问题：

1. 总结不同消费者对麦当劳的需要。
2. 对麦当劳的消费者满意度进行测评。
3. 对麦当劳的消费者购买行为进行分析。

任务 4　市场细分与选择

知识目标

➢ 掌握市场细分的方法

➢ 掌握目标市场的选择方法

能力目标

➢ 能对企业所处市场进行细分，选择正确的目标市场

任务引入

果汁饮料作为快速消费品的一个分支，发展非常迅速，市场容量不断扩大。在此背景下，台湾统一企业推出其果汁产品——统一鲜橙多，以“多 C 多漂亮”为品牌主张，在消费者心中塑造出健康、活力、漂亮的独特形象。

统一鲜橙多的目标对象定位在新女性群体，并且与新女性追求健康美丽的心理需求紧密结合。

统一鲜橙多采用的新型塑料包装，在大陆饮料市场掀起一股风潮，引得竞争者纷纷效仿，统一鲜橙多由此登上了中国果汁饮料市场的领导地位，市场占有率为20%，并深受消费者喜爱，在目标市场营销中表现出众。

请思考并解决以下问题。

1. 统一公司是如何对统一鲜橙多进行市场细分的？

2. 统一公司是采用什么方式选择统一鲜橙多的目标市场的？

任务分析

企业不可能满足每一位消费者的需求，但企业可以将消费者细分为需求不同的若干群体，结合特定的市场营销环境和自身资源选择某些群体作为目标市场，并制定营销战略来满足目标市场的需求。因此，掌握市场细分的方法，正确选择目标市场和制定市场定位战略是企业成功的前提和基础。

相关知识

一、市场细分及其方法

1. 市场细分与细分市场

市场细分是按照消费者的一定特性而把整体市场划分成两个或两个以上的子市场，以用来确定目标市场的过程。一个子市场就是一个细分市场，所有子市场之和便构成了整体市场。一般来说，在每个消费者群内，消费者的需求与爱好是大致相同的，因此企业可以用一种产品和一种营销策略来加以满足。

在发达的市场经济中，市场的范围日益表现出相对狭小性，因此一个企业不可能在营销全过程中都占有绝对优势。企业面对竞争只有依靠市场细分化，全面评价、选择并集中力量用于最有效的市场，才可能发现未满足的消费者需求，才能捕捉到有利的市场机会，才能在激烈的竞争中求得生存与发展。

2. 市场细分的方法

进行市场细分，需要依据一系列的市场细分变数，包括地理区域、人口统计、心理和行为，见表2—9。

表 2—9　　市场细分的内容

地理细分	人口细分	心理细分	行为细分
地理位置、城镇大小、地形地貌、气候特征、人口密度	年龄、性别、收入、职业、教育水平、种族、国籍、宗教信仰、家庭规模、家庭生命周期阶段	生活态度（活动、兴趣、意见）、个人特性、消费习惯	购买动机、利益、使用者、使用率、待购阶段、忠诚度（重复购买次数、挑选时间长短、对价格的敏感程度）

（1）地理细分

这是大多数企业进行市场细分时的主要方法。这是因为地理变数相对于其他变数来说具有较强的稳定性，所以较为容易分析。地理变数主要包括地区、气候、城乡、人口密度等，它们会由于对传统文化、经济发展的影响而形成不同的消费习惯和偏好，从而产生不同的需求特点。

（2）人口细分

这是市场细分所惯用的和最主要的变数，主要包括性别、年龄、家庭收入规模、家庭生命周期、职业、教育水平、宗教信仰、种族、国籍及社会阶层等。在人口变数的诸多因素中，家庭与收入又是市场细分的最主要变数，因而任何企业都要对此加以重视。

例如，玩具制造厂按年龄与生命周期细分，设计出各种玩具满足婴儿从 3 个月至 1 岁之间各个阶段的需要。在婴儿试着看东西时，该厂提供上部常有挂件的小童床；当婴儿开始学习抓东西时，可购买该厂所生产的拨浪鼓等。这种策略显然意味着家长和赠送玩具的客户必须考虑婴儿的年龄。

（3）心理细分

消费者受心理因素的影响，往往比其他因素要深远得多，这种心理因素主要包括个人生活态度、个人特性、消费习惯等。按消费者的心理进行市场细分，可出现三种类型的市场，即时髦追求者市场、社会地位追求者市场、朴素追求者市场。以个人特性为变数，消费者市场可细分为主动性市场、保守性市场、自主性市场、理智性市场和冒险性市场等。

（4）行为细分

这是在发达市场经济中进行市场细分时的重要变量。广大消费者的收入水平越高，这一细分变量的作用就越大。行为变量主要包括购买动机、购买状态、使用程度与使用状况、消费者对市场营销因素的反应等。

例如，购买动机是指消费者在购买商品时所追求的利益。在购买商品时，有的消费者为了追求经济利益；有的消费者则是为了追求社会声誉；有的消费者追求商品的可靠性；还有的消费者则是为了追求商品使用的方便性。所以，企业应注意根据不同消费者的不同购买动机来细分市场。

3. 细分市场评估

按照以上方法对市场进行细分后，就需要评判细分市场是否有效，评判时要具备表 2—10 中所列的条件。

表 2—10　　　　评估细分市场是否有效的条件

基本条件	可测量性	可接近性	有效性
具体特征	各子市场的购买能力能够被测量	企业有能力进入所选定的子市场	企业进入细分市场后所选定的市场规模足以使企业盈利

（1）可测量性

可测量性包括两种含义：其一是指客户对产品的需求具有不同的偏好，对所提供的产品、价格、广告等具有不同的反应，才值得对市场进行细分。相反，如果客户对产品的需求差异不大，就不必过多去进行市场细分。其二是指对购买者特征信息必须容易获取和测量，否则也难以对市场进行细分。在现实中，许多客户的特征是不易测量的。例如，汽车购买者的动机，就难以推测是属于经济动机还是社会地位的变化，抑或是对产品的改进感兴趣。一般来说，人口、地理、社会文化等因素更容易测量。

（2）可接近性

这是指企业容易进入细分市场，一方面，被选作细分市场的消费者必须能够有效地了解企业的产品，并对产品产生购买行为，能够通过各种销售渠道购买产品；另一方面，企业通过营销努力可进入被选定的细分市场，如做广告及人员推销等。否则，就没有进行市场细分的必要。

（3）有效性

这主要是指市场细分要有适当的规模和发展潜力，同时又要有一定的购买力。一方面，细分市场对于企业来说，如果规模过小，市场容量有限，细分工作烦琐，成本花费过大，获利太低，那么就没有进行市场细分的必要。当然，细分的范围也不能过大，否则会形成细分市场的不具体性和不准确性，从而不利于企业选择进入目标市场。另一方面，细分市场对于企业来说还必须有足够的消费者，如果细分市场的消费者过少，购买力有限，就没有经济效益，也没有进行市场细分的必要。

例如，汽车行业通常把汽车细分为微型、小型、紧凑型、中型、中大型、豪华型几类子市场，判断子市场的购买能力是以不同类型的消费群体足够多，能够被测量，并形成了一定的规模且有利可图为依据的。同时，企业可以确定其中一个或多个子市场进行汽车制造，这样的细分对不同规模的汽车制造商来说是有效的，它们可以依据自身的生产实力来进行细分市场的进入。

二、市场选择

企业对它们所面临的消费者市场进行细分后，将会决定选择进入一个或多个子市场，被选择的这部分市场称为目标市场。

1. 目标市场选择策略

一般来说，企业实现覆盖整个市场目标的策略有无差异、差异和集中的市场营销策略三种，三种策略的优缺点比较见表2—11。

表2—11　　目标市场选择方法优缺点比较

策略	无差异市场营销策略	差异市场营销策略	集中市场营销策略
具体特征	用一种产品、一种市场营销组合，尽量满足尽可能多的客户的需求	企业在各细分市场进行不同的市场营销组合	企业集中所有的力量，以一个或少数几个性质相似的子市场作为目标市场，以便在较少的子市场上占有较大的市场占有率
优点	生产成本和有关销售费用低，促销方式单一，促销费用也少，有利于企业获得较多的利润	满足不同消费者的需要，有利于扩大销售及扩大企业的影响，提高企业的声誉	营销对象集中，企业能充分发挥优势，降低成本，提高赢利水平
缺点	满足不了消费者多样化的需求，企业产品单一，适应不了激烈的市场竞争	要求产品差异化，促销方式差异化，小批量储运，增加管理人员，这就会导致较高的生产成本，较多的管理费用、储运费用和促销费用	有一定的风险性，由于目标市场比较狭窄，一旦市场突然发生变化，如价格的猛涨或猛跌，消费者的兴趣转移，或出现强有力的竞争对手，企业可能陷入困境
示例	可口可乐公司在其早期阶段，一直以单一规格、单一口味的可乐饮料满足各种客户的需要	宠物食品公司配制了三种罐装狗食：供小狗食用的，供成年狗食用的，供超重狗食用的	海飞丝去屑洗发水主要分为适用于中性和干性发质的产品以及适用于油性发质的产品两大类

2. 目标市场选择结果评定

企业根据自身产品的特点和选择进入的细分市场的特点，最终对选择结果进行评定，也就是进行市场定位，目的是为了使自己生产或销售的产品获得稳定的销路，从各方面为产品注入一定的特色，树立一定的市场形象，以求在客户心目中形成一种特殊的偏爱。要研究如何在目标市场上进行产品的市场定位，即勾画产品形象，为自己的产品确定合适的市场位置。

进行市场定位时具体采用以下四种方法，见表2—12。

表 2—12 市场定位的方法

具体方法	初次定位	重新定位	对峙定位	回避定位
特征	产品首次入市时的定位	将产品由一个市场转向另一个市场时的定位	选择竞争者市场	选择空白市场
适用情况	新成立企业初入市场，企业新产品投入市场或产品进入新市场	1. 出现了无法战胜的强大对手 2. 消费者爱好发生变化 3. 企业发展壮大	企业与竞争者实力相当	企业的竞争实力与现有市场上的竞争企业相比较弱时
示例	美国“新奇士”最初进入市场时，把自己定位为“果汁领导品牌”	麦当劳当初是希望建立起“西式快餐盟主”的定位，后来因为消费者对其汉堡的偏爱，市场定位变为了“汉堡包之王”	克莱斯勒公司曾声称自己为美国三大汽车公司之一，将自己与其他竞争对手并列强者之位	生产七喜饮料的百事公司，做出七喜汽水是“非可乐”的广告，强调它不属于可乐型饮料，回避了与强大的可口可乐的竞争

任务实施

一、统一公司是如何对统一鲜橙多进行市场细分的

统一鲜橙多分别选择了两种细分方式进行市场细分。

首先是采用人口细分中的“性别”因素进行市场细分，一开始争当女性美容伴侣，将女性饮料市场作为细分市场进行营销，后来又延伸为男女都能饮用各种口味的茶饮料，以期在细分市场上提高市场占有率。

其次是采用行为细分的方法进行市场细分。统一公司初期饮料产品采用铁罐包装，市场效果不佳，加之面临其他饮料企业的竞争，曾经历几年的亏损。后来统一公司调整策略推出新型塑料包装，包装的调整为目标人群的携带提供了方便，逐渐受到消费者的青睐。

二、统一公司是采用什么方式选择统一鲜橙多目标市场的

统一鲜橙多集中所有的力量，先以“女性”这一子市场作为目标市场，其广告语“满足每天所需的维生素 C，多 C 多漂亮”，不仅传达了产品的营养成分及性能，并且与新女性追求健康美丽的心理需求紧密结合。

始终符合以一个子市场作为目标市场的原则，以便在较少的子市场上占有较大的市场占有率，采用了集中市场营销策略。

思考与练习

宝洁公司的全称是普罗克特与甘布尔公司，是 1837 年由威廉·普罗克特和詹姆斯·甘布尔在美国中西部的辛辛那提创办的主要生产肥皂和蜡烛的公司，两人的姓氏组合作为公司的名称一直沿用至今。宝洁公司是目前世界上最大的洗涤和护肤品制造商。

宝洁公司在进入中国的洗发水行业时，首先将整个中国的洗发水市场划分为多个细分的市场。整个中国的市场可以分为高、中、低档三个部分，同时在每个部分的市场又根据不同的标准划分出更细的细分市场。例如，根据适合不同发质和不同消费者喜好分成各种专用功能市场，根据市场的人口密度分为都市、市郊和乡村市场，根据年龄分为青年、中年和老年市场等。

宝洁公司经过实验发现东方人的发质与西方人不同，东方人的发质比较干硬，于是开发了营养头发的“潘婷”系列产品，满足亚洲消费者的需要。针对不同的地区，主推的产品也不同，如在偏远地区，主推汰渍洗衣粉和家庭装飘柔洗发水等实惠的产品；对于北京、上海、香港等国际大都市则主要推出碧浪洗衣粉、潘婷洗发水等高端产品。

问题：

1. 根据材料对宝洁公司在中国市场的细分做出说明。
2. 总结宝洁公司选择其目标市场的方式。
3. 对宝洁公司的市场定位方法进行具体说明。

模块三　营销策划

在市场调查分析之后，根据分析结果，应该设计和整合企业的相关产品，以便为营销活动提供符合市场需求的产品。在本模块中，按照整合产品，即产品组合的策划，将企业的所有产品分门别类地整理，然后针对每一类产品策划相应的品牌，再根据每一类产品所具有的生命周期特点，制定符合市场的相应价格，完成营销实践前的准备工作。

任务 1　产品组合策划

知识目标

- 掌握产品组合的相关定义
- 掌握产品组合策略

能力目标

- 能计算产品组合的深度与广度
- 能策划相应的产品组合

任务引入

20 世纪末，康师傅控股有限公司在天津注册成立，该公司是目前我国国内最大的方便面生产企业之一。除方便面系列产品外，还涉足糕饼、饮品、粮油、快餐连锁等多个领域，产品种类已发展到百余种。

康师傅控股有限公司陆续生产的产品有康师傅方便面、面霸 120、小虎队干脆面、福满多方便面、果汁系列、清凉饮料系列、乌龙茶、纯净水、实粒派、冰红（绿）茶系列、米饼、彩笛卷糕饼、妙芙球糕饼、3+2 苏打饼干、轻巧薄片、蛋酥卷等，同时经营的产业有房地产、脱水蔬菜、包装材料和德克士快餐等。

请思考并解答以下问题。

1. 根据该公司的产品类别制作产品组合表，并分析产品线和产品项目。
2. 计算产品组合的广度和深度，并分析其关联性。

3. 假设在经营过程中，市场中同类产品竞争激烈，企业遇到经营困难，请帮助该企业策划相应的产品组合。

任务分析

产品好比人一样，都有其由成长到衰退的过程，因此，企业不能仅仅经营单一的产品。世界上很多企业经营的产品往往种类繁多，如美国光学公司生产的产品超过 3 万种，美国通用电气公司经营的产品多达 25 万种。当然，也并不是经营的产品越多越好，一个企业应该生产和经营哪些产品才是有利的？这些产品之间应该有怎样的配合关系？这就是产品组合问题。

企业在进行产品组合时，涉及三个层次的问题需要做出抉择，即：

第一，是否增加、修改或剔除产品项目。

第二，是否扩展、填充和删除产品线。

第三，哪些产品线需要增设、加强、简化或淘汰（以此来确定最佳的产品组合）。

评价一个企业产品组合的好坏主要考虑广度、深度及关联性等因素，这些因素都可以通过数据进行比较。那么，是不是产品组合的广度、深度越大，企业的销售情况就越好呢？并不是这样，有的企业生产的规模和品种很齐全，但是仍然面临破产的危险。这时，就要考虑产品组合策划了。

产品组合策划是企业根据市场需求、竞争形势和企业自身能力对产品组合的广度、深度和关联性等方面做出的策划。一般来说，扩展、增加产品线有利于发挥企业的潜力，开拓新的市场；延长或加深产品线可以适应更多的特殊需要；加强产品线之间的一致性，可以提高企业的市场地位，发挥和提升企业在有关专业上的能力。

相关知识

一、产品组合的基础知识

产品组合是指一个企业生产和销售的全部产品线、产品项目的组合，包括企业生产经营各种不同类型产品之间的组合和量的比例。产品组合通常由产品项目和产品线构成，表 3—1 为沃尔沃汽车公司生产的各种不同型号的汽车，这些不同型号的汽车就构成了产品组合。

产品线是指在技术上和结构上密切相关，功能相似但规格不同，能满足同类需求的一组产品项目。例如表 3—1 中，沃尔沃汽车公司制造轿车、商务旅行车、运动休闲车和双门跑车，它的产品线有四条。

表 3—1　　沃尔沃汽车公司的产品组合

	产品组合的广度			
	轿车 （S 系）	商务旅行车 （V 系）	运动休闲车 （XC 系）	双门跑车 （C 系）
产品组合的深度	S80 豪华轿车	V70	XC90	C70 敞篷跑车
	S60 轿跑车	V50	XC70	C30 轿跑车
	S40 轿车		XC60	

产品项目是指企业产品目录上列出的每一个产品，是产品线的具体组成部分。例如表 3—1 中，沃尔沃汽车公司轿车型号有三个，商务旅行车型号有两个，运动休闲车型号有三个，双门跑车型号有两个，则沃尔沃汽车公司一共有十个产品项目。

1. 产品组合的广度

广度是指一个企业所拥有产品线的数目。产品线也称产品大类、产品系列，是指一组密切相关的产品项目。这里的密切相关可以是使用相同的生产技术，或产品有类似的功能，或同类的客户群或同属于一个价格区间等，如对于一个家电生产企业来说，可以有电视机生产线和电冰箱生产线。产品组合的广度说明了企业的经营范围大小，是否跨行业经营，以及实行多角化经营的程度。增加产品组合的广度，可以充分发挥企业的特长，使企业的资源得到充分利用，提高经营效益。此外，多角化经营还可以降低风险。

产品线越多，产品组合越宽，反之越窄。一般情况下，大型企业产品线较多，产品组合的广度较宽；小型企业产品线较少，产品组合的广度较窄。例如表 3—1 中，沃尔沃汽车公司的产品有轿车、商务旅行车、运动休闲车和双门跑车共四类，那么该企业的产品组合的广度为 4。

2. 产品组合的深度

深度是指产品线中每一个产品拥有的品种数量。例如，M 牙膏产品线下的产品项目有三种，a 牙膏是其中一种，而 a 牙膏有三种规格和两种配方，a 牙膏的深度是 6。产品组合的深度反映了企业满足各个不同细分子市场的程度。增加产品项目，即增加产品的规格、型号、样式、花色，可以满足不同细分市场消费者的不同需要和爱好，招徕、吸引更多客户。

产品组合的平均深度是所有产品项目除以产品线数目。一般情况下，小型企业或专业化企业经营的某一类商品，规格比较齐全，产品组合的深度就较大；大型企业采用标准化大批量生产，品种规格较少，产品组合的深度就较小。例如表 3—1 中，沃尔沃汽车公司的轿车这条产品线中，有S80豪华轿车、S60轿跑车和S40轿车共三个项目，那么这条生产线的深度为3；依此类推，商务旅行车深度为2，运动休闲车深度为3，双门跑车深度为2。则其产品组合的平均深度为：

$$(3+2+3+2)/4=2.5$$

3. 产品组合的关联性

关联性是指产品线之间的关联程度，一条产品线的产品与另一条产品线的产品，在最终用途、生产条件、分销渠道或其他方面上越接近，关联性越大，反之越小。较高的产品组合的关联性能带来企业的规模效益和企业的范围效益，提高企业在某一地区、行业的声誉。例如表3—1中，沃尔沃汽车公司制造轿车和商务旅行车这两条生产线，在最终用户群体和分销渠道上十分类似，关联性很大。

总之，企业的产品组合方式应遵循两个原则，即有利于促进销售和有利于提高企业的总利润。产品组合的三个因素和促进销售、增加利润都有密切的关系。增加产品组合的广度，扩大了经营范围，可充分发挥企业各项资源的潜力，提高效益，减少风险；增加产品组合的深度，使产品线丰满，给每种产品增加更多的变化因素，可适应不同客户的需求，从而吸引更多的客户；增加产品组合的关联性，可决定企业在多大领域内加强和巩固竞争地位和声誉。

二、产品组合的评价方法

三维分析图法是一种分析产品组合是否健全、平衡的方法。在三维空间坐标上，以X、Y、Z三个坐标轴分别表示市场占有率、销售成长率以及利润率，每一个坐标轴又分为高、低两段，这样就能得到八种可能的位置，如图3—1所示。

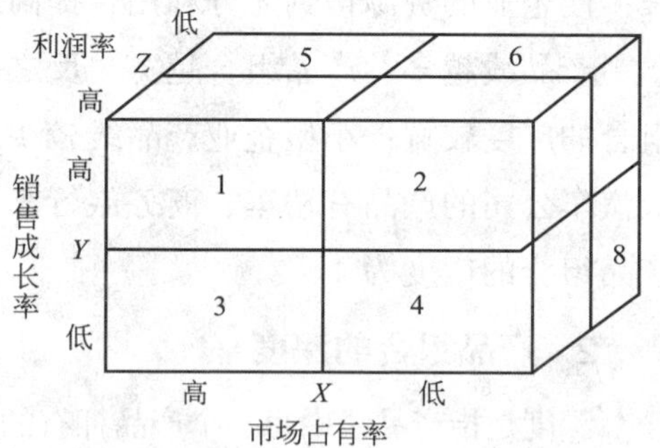

图3—1　产品组合三维分析图

如果企业的大多数产品项目或产品线处于1、2、3、4的位置上，就可以认为产品组合已达到最佳状态。因为任何一个产品项目或产品线的利润率、成长率和占有率都有一个由低到高又转为低的变化过程，不能要求所有的产品项目同时达到最好的状态，即使同时达到也是不能持久的。

因此企业所能要求的最佳产品组合，必然包括：

1. 目前虽不能获利但有良好发展前途、预期会成为主要产品的新产品。
2. 目前已达到高利润率、高成长率和高占有率的主要产品。
3. 目前虽仍有较高利润率而销售成长率已趋降低的维持性产品，以及已决定淘汰、逐步收缩其投资以减少企业损失的衰退产品。

三、产品组合策略

1. 扩大产品组合策略

扩大产品组合包括开拓产品组合的广度和加强产品组合的深度。开拓产品组合的广度是指增加一个或几个产品线，加强产品组合的深度是指在原有产品线内增加新的产品项目。当企业准备达到下述目标时，可以考虑采取此策略：试图在短期内增加企业利润，为经销商增加销售机会，企业尚有剩余生产能力待充分利用，企业试图成为产品线齐全的市场领先者，为防止竞争对手侵入而填补市场空缺。具体方式有：

（1）在维持原产品品质和价格的前提下，增加同一种产品的规格、型号和款式。

（2）增加不同品质和不同价格的同一种产品。

（3）增加与原产品相类似的产品。

（4）增加与原产品毫不相关的产品。

扩大产品组合的优点是：

（1）满足不同偏好消费者多方面的需求，提高产品的市场占有率。

（2）充分利用企业信誉和商标知名度，完善产品系列，扩大经营规模。

（3）充分利用企业资源和剩余生产能力，提高经济效益。

（4）减小市场需求变动性的影响，分散市场风险，降低损失程度。

在运用扩大产品组合策略时，企业所需要考虑的不只是满足企业内部的需求，还必须保证所开发的产品项目能够同时满足市场需求，否则，就会造成企业产品线方面的填补过度，从而引发新旧产品项目之间的自相残杀。例如，当年福特汽车公司研制其著名的“埃德塞尔”牌汽车时，就只是考虑满足公司内部定位的需要，而不是从满足市场需要着眼，从而造成了3.5亿美元的损失。仔细探源，会发现福特汽车公司仅仅注意到“福特”牌汽车拥有者有时愿意出高价来换购通用汽车公司所生产的“欧兹莫比尔”牌或“别克”牌汽车，于是，决定开发一种可抬高客户身价的新型汽车来填补其产品线，这样，就有了“埃德塞尔”牌汽车。但是这种新型汽车并没有能够迎合市场需求，在当时已经有了太多类似的汽车可供同类购买者进行选购，加之许多购买者已经开始转向购买另一种更为新潮的小型汽车了。

2. 缩小产品组合策略

缩小产品组合是指缩小产品组合的广度，使之变为狭窄的产品组合，缩小经营范围，实现生产经营专业化。当企业出现下列两种情况时，往往需要采取此种策略。

（1）产品线上存在着蚕食企业利润的滞销产品。例如，美国无线电公司在对其销售额和成本进行了市场分析之后，曾将其电视机从69个品种削减为44个品种；而道氏化学公司更是一度将其产品从 217 种削减为 93 种，所保留下来的则是那些销售量高、对利润贡献大且有长期发展潜力的产品。

（2）企业无力让所有产品项目达到所期望的数量，从而不得不对产品线上的每个产品项目进行利润率分析，削减那些利润率低或亏损的产品项目。

一般来说，当市场需求紧缩时，企业需要有甘当“缩头乌龟”的勇气，适时削减产品线；而当需求看涨时，又必须有敢做“出头鸟”的魄力，及时加长其产品线。

缩减产品组合的方式有：

（1）减少产品线数量，实现专业化生产经营。

（2）保留原产品线，削减产品项目，停止生产某类产品，外购同类产品继续销售。

缩减产品组合的优点有：

（1）集中资源和技术力量改进保留产品的品质，提高产品商标的知名度。

（2）生产经营专业化，提高生产效率，降低生产成本。

（3）有利于企业向市场的纵深发展，寻求合适的目标市场。

（4）减少资金占用，加速资金周转。

3. 产品线延伸策略

产品线延伸是企业把生产线延长，使其超出目前范围的一种行动，主要是为了开拓新市场、增加客户群，或者是为了适应客户需求的变化，配齐该产品线的所有规格、品种，使之成为完全产品线。产品线延伸有以下三种形式。

（1）向下延伸

向下延伸是指把企业原来定位于高端市场的产品线向下延伸，在高档产品线中增加中低档产品项目。利用高档名牌产品的声誉，吸引购买力水平较低的客户购买此生产线中的中低档产品。国际上有相当多已经占据市场领导者地位的大型公司甚至是跨国公司，在其最初都是定位于高端市场，然后再逐渐地将其产品线向下延伸。例如，IBM 公司过去一直在计算机市场上经营主机业务，随着形势的发展，大批量的数据处理在发展速度上已经放慢，因此，IBM 公司将企业的产品线向下延伸到微机生产，经过了多轮激烈竞争之后，终于拼杀到了微机行业龙头老大的位置。

在遇到下列情况时，企业应当向下延伸其产品线：当企业在市场高端受到竞争对手的攻击时，可以通过向市场低端的进攻作为反击策略；当企业发现产品在市场高端的发展速度趋缓时，可以向市场低端转移阵地；企业可以先行进入市场高端以建立起质量形象，然后再向市场低端进行延伸扩展；当企业为防止竞争对手乘虚而入，需要填补市场空缺时，也可以考虑增加某一市场低端的产品。

但是，采取向下延伸策略时，企业往往会面临一些风险：一是可能会刺激本来生产低端产品的企业进入高端产品市场，使竞争加剧；二是经销商可能因为利润较少而不愿意经营低端产品，从而使企业不得不为新的低端产品另建经销系统，增加销售费用；三是有可能损害企业的质量形象，为保护已创立的名牌，企业新增加低端产品就需采用新的品牌。例如，为吸引购买经济型汽车的客户，福特汽车公司于 1959 年生产了“猎鹰”牌小型汽车，但是，许多福特汽车的购买者已经购买了标准型号的福特牌汽车。显然，福特公司新的下游产品品目引发了与其上游产品品目的自相残杀，从而将福特汽车公司推入了尴尬窘迫的境地。

(2) 向上延伸

原来定位于低端产品市场的企业，在原有生产线内增加高端产品项目，使企业进入高端产品市场。实行这一策略的主要原因是：高端产品的市场销售形势看好，利润率高，而且企业具备经营高端产品的资源能力和营销能力，如竞争者实力较弱，还可以取而代之。例如，北京燕京啤酒厂生产的燕京啤酒在进入市场初期，以质优价廉的产品形象占据了啤酒的低端市场，经过多年发展，企业不断向市场推出燕京纯生、精品燕京、燕京王、燕京优级啤酒等中高端产品，逐渐占领高端啤酒市场。

企业采取向上延伸策略也存在一定风险，高端产品市场的竞争者会不惜一切代价坚守阵地，还可能侵入低端产品市场，向下延伸进行反击。另外，由于企业一直生产低端产品，客户可能怀疑其高端产品的质量。同时，企业的分销商也往往会由于缺乏能力和适当的培训而难以高效率地为高端市场服务，所以需要培训或物色新的销售人员，从而增加企业的经营成本。

(3) 双向延伸

原定位于中端产品市场的企业，掌握了市场优势后向产品线上、下两个方向延伸，这样做可以增加市场阵容，增强企业市场地位，提高竞争力。但应注意，只有在原有中端产品的市场已经取得优势，而且有足够的资源能力时，才可以这样做，否则还是单向延伸比较稳妥。例如，丰田公司的产品线采取的双向延伸策略，在其中端产品“卡罗纳”牌的基础上，为高端市场增加了“佳美”牌，为低档市场增加了“小明星”牌，还为豪华汽车市场推出了“凌志”牌。这样，“凌志”牌的目标是吸引高层管理者，“佳美”牌的目标是吸引中层经理，“卡罗纳”牌的目标是吸引基层经理，而“小明星”牌的目标是手里钱不多的首次购买者。此种策略的主要风险是，有些买主认为两种型号之间（如“佳美”牌和“凌志”牌）差别不大，因此会选择较低端的品种。但对于丰田公司来说，客户选择了低端品种总比流向竞争者好。另外，为了减少与丰田公司的联系，降低自相残杀的风险，“凌志”牌并没有在丰田公司的名下推出，而是与其他型号有不同的分销方式。

4. 产品线特色化策略

产品线的特色化是指通过在企业产品线中选择一个或少数几个产品项目加以精心设

计和改造，使产品项目更具特色，并利用与众不同的特色来吸引客户。它可以经由以下两种方式来实现。

（1）低端产品特色化策略

就是在原有的产品线中增加低档次、低价格的产品项目，或者把企业产品线低端的促销型品种变成有特色的产品。例如，美国的西尔斯公司通过宣传手段宣称将出售一种价格极为低廉的缝纫机，其目标是借此吸引客户。劳斯莱斯公司也曾使用过这种策略，它曾经致力于宣传出售一种售价仅为4.9万美元的经济型汽车，这与它售价为10.8万美元的高端产品形成极为鲜明的对比，吸引了大批客户进入其商品展览室。客户登门之后，便意味着劳斯莱斯公司的推销人员大显身手的机会到了，他们会想办法对客户施加影响，引导客户转向高端产品品目。

（2）高端产品特色化策略

就是在原有的产品线内增加高档次、高价格的产品项目，或者把处于高端的某一产品项目变成特色化产品，以提高企业产品线的身价。例如，斯滕森公司曾经推出过一种男式帽子，售价高达150美元。实际上，这种高价帽子根本无人问津，但它却有“画龙点睛”之妙，提高了该公司整条产品线的地位。

5. 产品细分化策略

产品细分化是在市场细分基础上产生的产品组合策划。产品细分化从消费者的需求出发，假定市场上总是存在未能得到满足的需求，企业可以把同种产品未能满足的需求分割出来，形成细分市场，为它生产一种独特的产品，即组合对象是通过细分市场需求来细分生产线的。例如，某地皮鞋市场在一段时间内流行牛皮鞋，有一家公司经过调查发现，牛皮鞋不能完全满足消费者穿着舒适、轻便的要求，因此设计了羊皮鞋，新设计的羊皮鞋不但款式新颖，而且穿着舒适，结果大获成功。再如，同一种牙膏以不同的香型出现，同一种洗发水以不同的规格出现。

综合以上五种产品组合策略，通过对适用范围、优势、劣势的分析，可以得到表3—2。

表3—2　　产品组合策略综合分析

产品组合策略	适用范围	优势	劣势
扩大产品组合策略	市场处于繁荣时期，或者企业有剩余的生产能力	能在短期内增加企业利润，为经销商增加销售机会，成为产品线齐全的市场领先者	定位不明，易产生企业自身新旧产品项目的竞争；投入增加；管理难度增加
缩小产品组合策略	市场处于衰退时期，产品项目本身利润率分析或者成本分析效果不好	减少企业成本，提高企业的利润率，减少企业资源的占用	短期内减少企业利润，易给竞争对手可乘之机

续表

产品组合策略		适用范围	优势	劣势
产品线延伸策略	向下延伸	企业占据市场高端产品的领先位置，高端产品的销售增长缓慢	可以防止竞争对手突破市场，扩大市场占有率，增加利润	可能会加剧市场竞争，增加销售费用，损害企业的质量形象
	向上延伸	高端产品的市场销售形势看好，而且企业具备经营高端产品的资源能力和营销能力	能够提升企业品牌形象，增加利润，可能会占领行业领先位置	可能会加剧市场竞争，增加销售费用，客户可能怀疑其高端产品的质量
	双向延伸	充分掌握中端市场优势，具备充足的资源和能力	提升企业实力，有利于扩大市场占有率，增加利润	客户倾向于向下购买产品，营销费用和管理费用增加
产品线特色化策略		企业有资源和实力实现特色化	提升客户注意力，促进销售量的增加	失败后可能影响企业的品牌形象
产品细分化策略		能够进行目标市场细分，具有相应的资源和能力	满足不同层次客户的需要，市场覆盖面宽	过于细分导致产品销售不畅，客户分散

任务实施

一、做出产品组合表，分析产品线和产品项目

表3—3为康师傅控股有限公司的产品组合表。

表3—3　　康师傅控股有限公司的产品组合

	产品组合的广度				
	方便面	饮料	糕饼	其他产品	快餐
产品组合的深度	康师傅方便面 面霸120 小虎队干脆面 福满多方便面	果汁系列 清凉饮料系列 乌龙茶 纯净水 实粒派 冰红(绿)茶系列	米饼 彩笛卷糕饼 妙芙球糕饼 3+2苏打饼干 轻巧薄片 蛋酥卷	房地产 脱水蔬菜 包装材料	德克士快餐

二、计算产品组合的广度和深度，并分析关联性

产品组合的广度为5。

方便面产品线包括四种产品项目，产品线深度为4；饮料产品线包括六种产品项目，产品线深度为6；糕饼产品线包括六种产品项目，产品线深度为6；其他产品线包

括三种产品项目，产品线深度为 3；快餐产品线包括一种产品项目，产品线深度为 1。那么，该产品组合的平均深度是：

$$(4+6+6+3+1)\ /5=4$$

该公司方便面、饮料和糕饼生产线可以搭配出售，都是为了满足人们饮食的需要，在最终用途和分配渠道上密切相关，因此它们之间的关联性大。快餐与方便面、糕饼和饮料在最终用途上密切相关，分配渠道不同，关联性一般。而其他产品和方便面、糕饼、饮料、快餐之间的关联性小。

三、假定目前企业经营困难，市场中同类产品竞争激烈，策划相应的产品组合

该企业经营过于多角化，产品线之间关联度比较小，如果不是实力雄厚的企业，应该对其中利润率小的产品线采取缩小产品组合的策略，进行剥离资产化，或者对方便面、饮料和糕饼产品线中利润率不高的产品进行缩小产品组合。例如，压缩小虎队干脆面、实粒派、轻巧薄片的产品线，利用所得资金对剩余产品线进行产品特色化策略、产品线延伸和扩大产品组合策略，以加强关联性。例如，利用面霸 120 量大、福满多价廉、德克士比其他快餐更实惠等特点，促进销售量，并且专注于不断推陈出新，增加调味品产品线和咖啡、布丁产品项目，巩固并扩大市场份额，提高利润率，稳中求胜。

表 3—4 是进行策划后的产品组合。

表 3—4　　康师傅控股有限公司进行策划后的产品组合

	产品组合的广度				
	方便面	饮料	糕饼	快餐	调味品
产品组合的深度	康师傅方便面 面霸 120 福满多方便面	果汁系列 清凉饮料系列 乌龙茶 纯净水 冰红（绿）茶系列 咖啡	米饼 彩笛卷糕饼 妙芙球糕饼 3+2 苏打饼干 蛋酥卷 布丁	德克士快餐	调味酱 料理酱 酱油 调味料

表 3—4 中斜体字为新增产品线和产品项目。经过策划，假定企业经营困难时，康师傅控股有限公司可进行相应的产品组合调整，更专注于食品行业，抓住自身物美价廉的优势，提高产品线之间的关联性，进行产品线延伸，补全产品线，防止竞争对手进入，使市场份额得到扩大，占据行业领先位置。

思考与练习

表 3—5 是××公司的产品项目。

表 3—5　　××公司产品项目

产品大类	具体产品
洗涤剂	奥克多、达士、吉恩、黎明、独立
牙膏	格里、登魁
香皂	象牙、柯柯、拉瓦、佳美、爵士、海岸
纸尿裤	露肤、阿尔
纸巾	查敏、白云、普天、旗帜

问题：

1. 制作××公司产品组合表，计算××公司的产品线数量及产品组合的广度、深度，并说明关联性如何。

2. 如果××公司想采取缩减产品组合的策略，应如何做？为什么？××公司会在什么情况下采取此策略？

3. 研究并说明产品组合的广度、深度和关联性对企业有什么意义。

任务 2　产品品牌策划

知识目标

- 掌握产品品牌的定义及构成
- 掌握产品品牌策略

能力目标

- 能进行产品品牌策划

任务引入

“麦当劳”是全球知名连锁快餐企业，作为全球性企业，其一直以来对品牌的建设和维护也是在不断变化中力求完美的。

通过表3—6中两个图标的对比，可以分析出“麦当劳”品牌的变化。

表3—6　　麦当劳品牌更新前后对比

更新前	更新后
smile™®	i' m lovin' it 我就喜欢

表中的两个图标，众所周知是代表“麦当劳”的。通过将麦当劳图标“金黄色拱门”和统一设计的店铺大门搭配起来，令人产生走进店里的欲望。

2003年9月，麦当劳全面更新品牌形象。由原来品牌形象为“常常欢笑，尝尝麦当劳”的温馨感，全面更新为“我就喜欢（I´m lovin´it）”的时尚现代感，目标群体也随之发生变化。

请思考并解答以下问题。

1. 根据麦当劳的品牌分析品牌名称、品牌标记和商标分别是什么。

2. 在这次品牌更新过程中，麦当劳采取的是什么品牌策略？为什么这么做？

3. 分析麦当劳品牌形象在更新前后发生的变化，以及更新后还可能存在哪些不足之处。

任务分析

产品品牌是一种识别标志、一种精神象征和一种价值理念，是品质优异的核心体现。培育和创造品牌的过程也是不断创新的过程，自身有了创新的力量，才能在激烈的竞争中立于不败之地，继而巩固原有品牌资产，多层次、多角度、多领域地参与竞争。

评价一个企业品牌形象的好坏主要应考虑属性、利益、价值、文化、个性、用户等因素。那么是不是做好了这些就能形成品牌效应呢？并不是这样，我们还需要考虑实施品牌策划的力度和清晰度，以及是否清晰传达给消费者企业自身的品牌内涵。

只有熟练掌握产品品牌的相关知识，才能结合产品塑造成功的品牌，并针对不同情况制定相应的产品品牌策略。

相关知识

一、产品品牌的基础知识

1. 产品品牌的含义

产品品牌是指企业的名称、产品或服务的商标，以及其他可以有别于竞争对手的标识、广告等构成企业独特市场形象的无形资产。通常由文字、标记、符号、图案和颜色等要素或这些要素的组合构成。

产品品牌对产品而言，包含两个层次的含义：一是指产品的名称、术语、标记、符号、设计等方面的组合体；二是代表有关产品的一系列附加值，包含功能和心理两方面的利益点，如产品所能代表的效用、功能、品位、形式、价格、便利、服务等。

品牌实质代表企业给消费者的产品特征、利益和服务的一贯性的承诺。久负盛名的品牌就是优质的保证，不仅如此，品牌还是一个更为复杂的符号，蕴含丰富的市场信息，具体产品品牌实质分析见表3—7。

表3—7 产品品牌实质分析

	含义	示例
属性	品牌代表特定的商品属性	奔驰属性是“工艺精湛、制作精良、昂贵、耐用、信誉好、声誉好、行驶速度快及再转卖价值高”
利益	品牌体现某种特定的利益，客户购买商品实质是购买某种利益，需要属性转化为功能性或情感性利益	奔驰“工艺精湛、制作精良”的属性转化为“安全”的功能性利益；“昂贵”转化为“这车令人羡慕、使我受人尊重”的情感性利益
价值	品牌体现了生产者的某些价值观	奔驰具有“高绩效、安全、声望”的价值
文化	品牌附着特定文化	奔驰蕴含“有组织、高效率和高品质”的文化
个性	品牌反映一定个性，不同品牌使人产生不同联想	奔驰让人想到“严谨的老板、勇猛的雄狮或庄严质朴的宫殿”
用户	品牌暗示了购买或使用产品的消费者类型	奔驰让人联想到公务人员和高端商务人员

2. 产品品牌的构成要素

产品品牌包括品牌名称、品牌标记和商标。

品牌名称是指品牌中可以用语言称呼的部分，如奔驰、奥迪等。

品牌标记是指品牌中可以被认出、易于记忆，但不能用言语称呼的部分，通常由图案、符号或特殊颜色等构成，如“三叉星圆环”代表奔驰、“相连的四环”代表奥迪等。

商标是指受到法律保护的整个品牌或品牌中的一部分，企业通过向有关管理机构申请，登记注册后，便取得了专有权。其他单位和个人要使用，则要征得商标权所有人同意，否则就构成侵权。另外，企业本身也应该有强烈的商标意识，否则某些商标被他人抢注，会导致企业蒙受损失。例如，“同仁堂”“杜康”商标在日本被抢注，就使我国企业蒙受重大损失。

3. 产品品牌的设计原则

特色鲜明的品牌容易被消费者认知、记忆，进而获取消费者的信赖并激发消费者的购买欲望，促进企业产品的销售。品牌在设计过程中应遵循以下原则。

（1）容易识别、便于记忆

品牌设计既要简洁明了、通俗易懂，又要新颖别致，能传递给消费者明确的信息，以利于消费者准确理解。名称应易于拼读、发音，像可口可乐就给人留下深刻印象。

例如，“M”这个很普通的字母，对其施加不同的艺术加工，就形成表示不同商品的标记或商标：麦当劳标志——鲜艳的金黄色拱门“M”，由于它色调柔和、棱角圆润，给人自然亲切之感，成了孩子们最喜爱的快餐标志之一；摩托罗拉的“M”虽然也只取了一个字头“M”，但是它的设计棱角分明，双峰突起，突出了自己在无线电领域的特殊地位和高科技的形象。

（2）表达产品特色与效益

品牌既要与产品实体相符合，又要能反映产品的基本用途和它给消费者带来的效益，使消费者一接触到产品的品牌便能知道是一种什么样的产品，如“联想”电脑、“黑又亮”鞋油、“奔驰”汽车等。

（3）激发消费者的购买欲望

一个构思独特、造型新颖的品牌能启发消费者的联想，引起消费者的兴趣，从而激发消费者的购买欲望。例如，“永固”牌门锁会使人感到十分安全可靠，“和路雪”的“双心”标志会给人带来温暖亲切的感觉。

（4）适合国际市场

随着国际经济交往的增加，企业产品营销的范围不断扩大，品牌设计要符合不同的民族习惯，适应不同的宗教信仰。如汉语中的“大象”一词含有稳重、踏实、吉祥的意味，但在英语中，“大象”还有愚蠢、笨拙的含义，往往不受欢迎。不同的图案、颜色等在不同国家、民族，其意义迥异。这些都是有志于打入国际市场的企业在进行品牌设计时要特别留意的。

（5）受法律保护

品牌的名称、标记要通俗易懂，易于为消费者理解和接受。但若过于大众化则往往易被假冒、模仿，不利于法律的保护。因此，品牌设计要特点鲜明，以保证企业对某一品牌的独占性。

二、产品品牌策略

品牌策略是企业营销管理的重要方面，是企业营销部门首先要考虑的问题。企业通过精心设计品牌并向行政部门申请注册取得专有权，将其转化为商标，可以增加产品的价值。

在品牌运作过程中有以下几种策略。

1. 品牌归属策略

生产企业如果已经决定给一个产品加上品牌，通常会面临三种品牌所有权选择：①生产商自己的品牌；②销售商的品牌；③租用第三者的品牌。

一般来说，生产商都拥有自己的品牌，在生产经营过程中确立了自己的品牌，有的被致力培养成为名牌。但是，从 20 世纪 90 年代开始，国外一些大型零售商和批发商也在致力于开发自己的品牌，如"沃尔玛"和"宜家"等，这是因为销售商希望取得产品销售上的自主权，摆脱生产商的控制，压低进货成本，自主定价，以获得较高利润。此外，也有一些生产商利用现有著名品牌对消费者的吸引力，采取租用的形式来销售自己的产品，特别是在企业推出新产品或打入新市场时，这种策略更具成效。

2. 家族品牌策略

（1）统一品牌策略

统一品牌策略是指企业决定其所有产品使用同一个品牌。这样可使企业节省品牌设计、广告宣传等费用，有利于企业利用原有品牌声誉，使新产品顺利进入市场。但统一品牌策略具有一定的风险，如果其中某一种产品营销失败，可能会影响整个企业的声誉，波及其他产品的营销。

（2）独立品牌策略

独立品牌策略是指企业决定对不同产品采用不同品牌。这样可以分散产品营销的市场风险，避免某种产品失败所带来的影响，也有利于企业发展不同档次的产品，满足不同层次消费者的需要。但使用独立品牌策略，企业要增加品牌设计和品牌销售的投入。

（3）多品牌策略

在相同产品类别中引进多个品牌的策略称为多品牌策略。证券投资者往往同时投资多种股票，一个投资者所持有的所有股票集合就是证券组合，为了减少风险，增加盈利机会，投资者必须不断优化股票组合。同样，一个企业建立品牌组合，实施多品牌战略，往往也是基于同样的考虑，并且这种品牌组合的各个品牌形象相互之间是既有差别又有联系的，不是大杂烩，组合的概念蕴含着整体大于个别的意义。例如，宝洁公司在中国市场上的洗发水就有四个品牌，每个品牌都有其鲜明的特点：

“海飞丝”去头屑，“飘柔”使头发光滑柔顺，“潘婷”对头发营养保健，“沙宣”使头发润泽飘逸，这四个品牌总的市场占有率高达60%以上。这一策略的优点是使企业可以针对不同细分市场的需要，有针对性地开展营销活动；可以使生产优质、高效产品的企业也能生产低档产品，为企业综合利用资源创造了条件；各品牌之间联系松散，不会因为个别产品出问题而影响其他产品。缺点是品牌较多会影响广告效果，易被遗忘。这种策略需要有较强的财力做后盾，因此，一般适宜于实力雄厚的大中型企业采用。

3. 品牌延伸策略

品牌延伸策略是指一个现有的品牌名称使用到一个新类别的产品上。品牌延伸并非只借用表面上的品牌名称，而是对整个品牌资产的策略性使用。随着全球经济一体化进程的加速，市场竞争愈加激烈，企业之间的同类产品在性能、质量、价格等方面强调差异化变得越来越困难。企业的有形营销威力大大减弱，品牌资源的独占性使得品牌成为厂商之间竞争力较量的一个重要筹码。于是，使用新品牌或延伸旧品牌成了企业推出新产品时必须面对的品牌决策。

品牌延伸是实现品牌无形资产转移、发展的有效途径。品牌也受生命周期的约束，存在投入期、成长期、成熟期和衰退期。品牌作为无形资产是企业的战略性资源，如何充分发挥企业的品牌资源潜能并延续其生命周期便成为企业的一项重大战略决策。品牌延伸一方面在新产品上实现了品牌资产的转移，另一方面又以新产品形象延续了品牌寿命，因而成为企业的现实选择。例如，金利来公司从领带开始，扩展到衬衫、皮具等领域；红塔集团从卷烟开始，扩展到汽车、房地产等领域。

品牌延伸一般伴随着业务多元化，通常有以下三种方式。

（1）同产品类别延伸

例如，娃哈哈在儿童营养液、果奶、纯净水、茶饮料等同产品类别“饮品”上做延伸。

（2）同行业类别延伸

例如，海尔集团的产品从电冰箱一直延伸到空调、洗衣机、热水器、手机、个人计算机，从家用电器到信息产品，都是用“海尔”品牌，在家电行业内做延伸。

（3）非同产品、同行业类别的跨度延伸

需要统一在品牌的核心价值形象之下，并往往在品牌的众受上存在较大重叠度。这是难度最大的一种品牌延伸方式，成功的例子相对较少。例如，娃哈哈进军童装业，推出号称绿色健康的童装，就是在几十年来为少年儿童提供健康食品的核心价值下，进行受众重叠的跨度延伸。

品牌延伸需要注意的是新产品的产品定位与原品牌的品牌定位应该是一致的，不能自相矛盾。使用原有品牌进行延伸可以使新产品容易被识别，得到消费者的认同，企业可以节省有关的新产品促销费用。这一策略运用得当，有利于企业的发展壮大。但这种策略有一定的风险，品牌延伸也可能淡化甚至损害原有品牌在消费者心目中的形象，使品牌独特性被逐步遗忘，所以企业在品牌延伸决策上应谨慎行事，并在品牌延伸过程中采用各种措施尽可能降低对品牌的冲击。

4. 品牌更新策略

品牌更新是指随着企业经营环境的变化和消费者需求的变化，品牌的内涵和表现形式也要不断变化发展，以适应社会经济发展的需要。品牌更新是社会经济发展的必然，只要社会经济环境在发展变化，人们需求特征在趋向多样化，社会时尚在变，就不会存在一劳永逸的品牌，只有不断设计出符合时代需求的品牌，品牌才有生命力。品牌更新通常有两种选择。

（1）全部更新

即企业重新设计全新的品牌，抛弃原有品牌。这种方法能充分显示企业的新特点，但花费及风险均较大。

（2）部分更新

即在原有品牌基础上进行部分的改进。这样既可以保留原品牌的影响力，又能纠正原品牌设计的不足。一般企业是在保留品牌名称的基础上对品牌标记、商标设计进行改进，既保证了品牌名称的一致性，又使新的标志更引人入胜，取得良好的营销效果。

例如，和路雪作为全球著名的冰淇淋品牌，其销售量及品牌知名度稳居同类产品前列。但是和路雪旧商标不能恰如其分地反映出企业与消费者日益紧密默契的关系，因此，更换成更富有内涵的“双心”新商标，体现了和路雪一贯倡导的珍爱生活、快乐共享的品牌理念。

三、产品品牌策略的实施

产品品牌策略的实施，离不开营销的具体工作，包括了解市场状况，找准品牌定位，提供营销费用的支持等。

1. 了解市场状况

（1）明确品牌定位和消费者的心理需求

实施品牌策略首先要进行品牌的定位，也就是说企业要明确品牌的核心价值是什么，能给消费者带来什么利益，如何体现企业的企业文化和产品特点。把握住品牌的核心价值和消费者心理需求，就可以确定品牌的定位。

（2）进行市场细分，凸显品牌个性

这对于处于成长期和成熟期市场上的企业尤其重要，因为市场上的同类产品很多，竞争非常激烈，有些企业已经具有很强的品牌优势。因此，进行市场细分，找出特定市场和品牌特色，使品牌凸显个性是非常重要的。

2. 从产品特点上寻找品牌内涵并与之保持一致

（1）找准产品概念，满足消费者的欲望与需求

确定产品概念和品牌概念是品牌推广人员的重要工作。产品概念就是能给消费者带来利益的产品功能；品牌概念有更深的内涵，更多的是企业价值观、产品个性和特色的体现。品牌的塑造不能离开产品的概念，品牌概念必须跟产品概念有某种联系。例如，宝洁公司的飘柔洗发水，产品概念就是能使头发更柔顺，而品牌给消费者的感觉是“自信、飘逸”。

（2）不要急于求成，实施品牌策略要有阶段性

许多企业在实施品牌策略时容易犯的错误就是急于求成，在消费者还没有接受产品概念或者对产品的功能还不是很了解时，就开始做品牌的宣传，结果往往是消费者对广告感到一头雾水，不知道这个产品到底是做什么用的，这就使企业的宣传效果大打折扣。

（3）注重品牌概念的灌输

很多企业在成长期，往往是主推一个产品，忽视了对品牌的塑造，结果是消费者虽然对产品有认知，但对品牌没有概念，不知道这个品牌的个性和特点是什么，甚至不知道企业的名称。所以当企业推出新品时，需要花费大量推广费用重新培育市场。

3. 找准品牌定位

（1）品牌定位的过程即找准目标市场的过程

品牌定位是实施品牌策略的前提，没有正确的定位会使品牌达不到效果，因此，首先需要对企业的品牌进行清晰的定位。例如，消费者在提到奔驰汽车时，一下就能联想到“成功人士”的形象。

其实品牌的定位就是消费人群定位，例如，鳄鱼服装的目标人群是高收入阶层，大宝化妆品的目标人群是工薪阶层。所以说，企业确定了产品的目标人群，也就决定了品牌的定位，从而决定了品牌营销策略。

（2）品牌定位要着眼于潜在市场

不少企业在做产品和品牌定位时，往往看到的是目前的市场需求状况，而没有考虑3 年、5 年甚至是 10 年后市场的状况，导致品牌的成长性有限，无法发展壮大。可见，进行品牌策划时要注重长效性。

另外，要注意产品和品牌概念的一致性，企业在经历了快速发展后，一般都会推出新品，进行多元化经营。例如，海尔最初就是从生产冰箱开始的，现在已涉及家电的各个领域，这就更需要在进行品牌塑造时，找准品牌的概念和定位，保持一致性，使企业

的品牌推广更迅速和有效。

4. 提供营销费用支持

（1）品牌不能只靠推销

品牌是一个大的概念，不仅包括产品的功能和质量，还包括品牌概念和服务等许多要素。如果单靠推销，是无法使品牌的定位和概念迅速深入人心的，也很难成功。

（2）大胆的投入和周密的计划相结合

许多企业都认为广告能够塑造一个品牌，其实是一种误解。因为从消费者开始认知品牌到最后对品牌忠诚，是有一个过程的。很多企业认为自己已经成功塑造了一个品牌，其实只是让消费者认识品牌而已，并没有在消费者心中形成美誉度和忠诚度，还不能算是真正意义上的品牌。但是，品牌要形成忠诚度，大量的推广包括广告投入是必不可少的，关键是企业的推广策略如何来配合企业的品牌概念，用最少的投入换取最大的收益。

在制订品牌推广计划时，不少企业也有许多误区，其中最主要的就是认为品牌推广就是做广告，因此把品牌推广计划等同于产品广告计划，外包给广告公司。由于很多企业并没有找准产品概念和品牌概念，而一般的广告公司对产品概念和品牌概念的理解不是很准确，对营销的推广策略也不是很专业，因此导致广告效果不佳。

所以说，实施品牌策略应该从市场调查开始，结合产品特点，针对自身目标客户群体，利用足够的营销费用支持，制订出周密的实施计划，确保在不同的阶段达到不同的效果，使得企业的品牌效应达到最大化，创造最佳的效益。

任务实施

一、根据麦当劳的品牌分析品牌名称、品牌标记和品牌商标

产品品牌包括品牌名称、品牌标记和商标。

品牌名称是指品牌中可以用语言称呼的部分，“麦当劳（McDonald's）”即是产品品牌。

品牌标记是指品牌中可以被认出、易于记忆但不能用言语称呼的部分，通常由图案、符号或特殊颜色等构成，红黄相间、双峰圆润的“M”即是麦当劳的品牌标记。

商标是指受到法律保护的整个品牌或品牌中的一部分，金黄色拱门“M”加上“McDonald's”即是麦当劳标志。

麦当劳的品牌名称、品牌标记和品牌商标见表3—8。

表 3—8　　麦当劳品牌名称、品牌标记和品牌商标

品牌名称	品牌标记	品牌商标
McDonald's		McDonald's®

二、分析麦当劳更新品牌形象采取的品牌策略及原因

2003 年 9 月，麦当劳全面更新品牌形象。由原来品牌形象“常常欢笑，尝尝麦当劳”的温馨感，全面更新为“我就喜欢（i′m lovin′it）”的时尚现代感。此次更新采取的是品牌更新策略里的“部分更新策略”，即在原有品牌基础上进行部分的改进。这样既可以保留原品牌的影响力，又能纠正原有设计的不足，使新的标志更引人入胜，取得良好的营销效果。

此次品牌更新的原因有以下几点。

一是此前麦当劳在世界多个地方遭到重创，业绩不断下滑，中国市场更是面临“肯德基达到 900 家分店，而自己仅 580 家分店”的竞争压力，为了挽回市场，麦当劳经过市场调查，决定调整其品牌策略，重塑昔日辉煌。

二是多年以来，麦当劳都是紧密围绕家庭为主的目标客户群，并且成功地确立了“家庭”快餐的全球品牌形象。但是，中国市场上的妈妈越来越注重儿童的健康问题，不愿意带孩子吃油炸食品，更愿意选择中国传统营养食物，麦当劳新品牌战略只好进行调整，将 26~35 岁的年轻人群包括进来，扩大目标群体，也是顺应市场变化。

三是家庭市场创造的丰厚利润一直是各大快餐品牌竞相争夺的目标，但是由于家庭市场的进入门槛太低，大量竞争者的涌入和模仿，包括促销手段日趋同质化，使得麦当劳应对起来越来越力不从心，整个行业的利润也被逐步摊薄。在产品和服务上已不占优势，而已趋成熟的消费者却是日见挑剔，迫使麦当劳朝着品牌的附加价值寻找突破口。

四是正在崛起的年轻消费群体已不容忽视，加之社会晚婚晚育和独身的现象日益增多，单身群体和丁克家庭正在迅速壮大，这个新兴的“年轻人市场”表现出的旺盛消费力，显然对麦当劳充满了非同寻常的诱惑。

三、分析品牌形象在更新前后发生的变化，可能存在的不足之处

麦当劳原来品牌形象是“常常欢笑，尝尝麦当劳”的家庭温馨感，更新后不仅包括之前的欢笑、温馨的家庭概念，还包括了“我就喜欢（i′m lovin′it)”的时尚现代感。城市中的一部分年轻人从小就在麦当劳儿童乐园里游戏，所以长大后仍对其有较好的品牌忠诚度。另外，一些年轻的具有高学历、高收入的上班族对快速、方便有需求，同时也乐意接受美式文化。所以把麦当劳塑造成年轻时尚的品牌，很有可能扭转麦当劳在全球的下滑趋势。

可能产生的不足之处有以下几方面。

一是麦当劳原本的“家庭”市场定位是以儿童为核心的，但是这个市场的真正购买行为却由家长来实施，随着对麦当劳导致肥胖的指责在全世界蔓延开来，多数家长已经开始审视孩子的健康问题，“尝尝麦当劳”似乎已不再等同于“常常欢笑”了。在家庭市场产生危机的时刻，麦当劳不选择维护反而回避，将“欢笑”矛头转向年轻人，将在较大程度上流失原来的忠诚消费者。

二是新的品牌广告形象代表的是一种时尚的个性文化，是一种年轻人自我实现、自由不羁的生活态度。这种“酷”文化能在多大程度打动妈妈们的“心”？中国本土家庭观念较为保守，家长一般不愿意让自己的孩子过早地接触“年轻人”的时尚文化和消费观念；当家庭的温馨和欢乐渐渐地成了新品牌战略的附属品，那些忠实的消费者可能转投到其他品牌的门下。

三是麦当劳的“温馨家庭、欢乐生活”的品牌形象已经深入人心，而如今的新战略却突然改变了这一根深蒂固、辛苦培育了近50年的品牌形象，对麦当劳而言不能不说是一个很大的损失和遗憾。另外，调查表明，大多数消费者仍然认为麦当劳是家庭聚会的地方，多年积淀的传统品牌形象是麦当劳品牌经营策略调整的最大阻力，而且新品牌推广单单广告方面的费用就极高，这些对麦当劳来说是否会得不偿失仍是未知数。

思考与练习

“百岁山”矿泉水是景田公司2007年推出的一款新型包装的矿泉水，一经推出便走红市场。在2011年中国饮料工业协会发布的中国天然矿泉水十强中，“百岁山”排名行业第一。从2009年到2017年，“百岁山”天然矿泉水已经连续八年稳坐矿泉水龙头企业宝座。

景田公司投巨资将“百岁山”基地打造成集生产、旅游、休闲、文化为一体的生态水文化游览地。多年来，景田公司在强调“百岁山”是“水中贵族”的同

时还不断开展社会公益活动。2013 年公司成立了“百岁山”公益基金会，款项用于环境保护和教育。

问题：

1. 查找资料，找出“百岁山”的品牌标志、品牌标记和商标分别是什么。
2. 在本案例中，“百岁山”采取了哪些品牌策略？为什么这样做？
3. 采取了新的品牌策略之后，可能还会存在哪些问题？如何解决？

任务 3　产品生命周期的应用

知识目标

- 掌握产品生命周期的定义及其主要阶段
- 产品生命周期各阶段的营销策略

能力目标

- 能判断产品处在生命周期的哪个阶段
- 能根据产品所处的阶段采取相应的营销策略

任务引入

2011 年 8 月 16 日小米手机正式发布，短短两年的时间里，小米科技有限责任公司（以下简称“小米公司”）开发了从手机到小米电视、小米盒子、移动电源等多款产品。其中小米手机凭借其简约的外观和米柚系统，创造了销售奇迹。

小米 M1 采用 1.5 G 双核处理器，搭配 1 G 内存，以及板载 4 G 存储空间，最高支持 32 G 存储卡扩展的超强配置，却仅售 1 999 元，让消费者为之一振。小米公司在 2011 年里取得了非常令人瞩目的成绩。数据显示，小米 M1 单款机型出货已超 350 万部，小米手机总出货量已达 712 万部，小米的销售额超过 100 亿元。小米公司已获得 2.16 亿美元融资，估值达 40 亿美元。以上数据对于一个新成立两年多的公司来说，都可以称得上是非常了不起的成绩。

尽管取得的成绩非常耀眼，但是小米公司却也背负着沉重的包袱在前行。从“重启门”到魅族 MX2 发布，从饱受诟病的发货到被“黄牛党”搅局的抢购，小米公司好像并未惧怕这些挫折，反而是迅速地从这一系列阴影中走出，且越发坚强。

后来的小米 2 代 M2、3 代 M3，逐渐取代之前产品的市场，红米、小米 3 的出现也使得消费者对小米手机产品更为熟悉，从而增加小米手机产品产量，使小米公司的利润稳步提高。

请思考并解决以下问题。

1. 小米手机的 M1、M2、M3 正处于其生命周期的哪一个阶段？

2. 在手机市场竞争激烈的局面下，小米公司应采取怎样的营销策略才能够拥有较大的市场占有率？

任务分析

产品生命周期（Product Life Cycle，简称 PLC）是指产品从进入市场开始，直到最终退出市场为止所经历的市场生命循环过程。产品生命周期的不同阶段有着不同的市场机会和市场风险，对于任何企业来说都应熟悉其产品销售的成长规律，把握产品生命的基本特征，以便企业在激烈的市场竞争中取得优势。像上述任务中提到的小米 M1，其一上市就能够迅速占领市场，但随着时间的推移，也会面临同类产品竞争的压力。随着这种周期性的变化，企业应该分析产品正处于其生命周期的哪一个阶段，该产品在市场上具有哪些优势和劣势，并根据其所处阶段的特点对营销策略做出相应的调整，以维持并伺机延长产品在市场上的寿命。

相关知识

一、产品生命周期及其主要阶段

产品生命周期是指产品的市场寿命，即一种新产品从开始进入市场到被市场淘汰的整个过程。

一种产品进入市场后，它的销售量和利润都会随时间推移而改变，呈现一个由少到多，再由多到少的过程，就如同人的生命一样，由出生、成长到成熟，最终走向衰亡，任何一种产品在市场上都有一个诞生、成长、成熟和衰落的过程，这就是产品的生命周期现象。

在产品发展的各个阶段，产品面临的市场特点是不同的，对产品生命周期的规律性进行研究，有利于企业在实施产品战略时根据品牌所处不同阶段采取不同的营销策略，从而更加有效地提高品牌知名度、美誉度和影响力，使产品获得市场竞争优势，最终赢得市场。

产品生命周期指的是产品的市场寿命，而不是使用寿命。产品只有经过研究开发、试销，然后进入市场，它的市场生命周期才算开始。产品退出市场则标志着生命周期结束。

产品生命周期一般以产品的销售量和所获得的利润额来衡量。典型的产品生命周期呈抛物线形状。根据销售增长率的变化情况，产品生命周期可分为四个阶段，即投入期（或介绍期）、成长期、成熟期和衰退期，如图 3—2 所示。

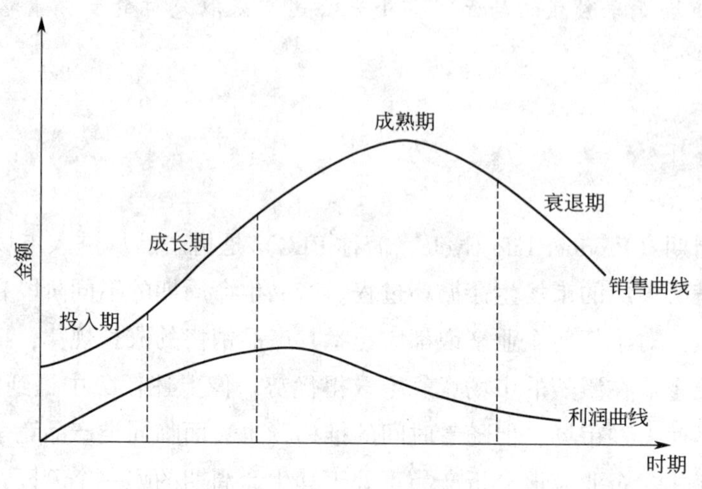

图 3—2　产品生命周期曲线

例如，1997 年 7 月底，雀巢公司的美极方便面在广东省全面上市，红底黄字的“美极”风暴席卷了广东的大街小巷，震撼着整个广东的食品业同行。然而，到了 1998 年 4 月，美极方便面却全面撤出了市场。9 个月期间，美极方便面经历了投入期、成长期、成熟期和衰退期四个阶段。

1. 投入期

新产品投入市场，便进入投入期。此时，客户对产品还不了解，只有少数追求新奇的客户可能购买，销售量很低。为了扩展销路，需要大量的促销费用，对产品进行宣传。在这一阶段，由于技术方面的原因，产品不能大批量生产，因此成本高，销售额增长缓慢，企业不但得不到利润，反而可能亏损，产品也有待进一步完善。例如，前面案例中提到的美极方便面，在 1997 年 7 月底至 8 月初，在广东省三万家零售店和六百家大商场展开全面的铺市活动。在铺市开始后不久，又举行了买面赠送“美极饭盒”的促销活动，并免费试吃，吸引消费者对新产品的购买尝试，以期提高知名度。此时，该产品正处于其生命周期的投入期。

2. 成长期

成长期时客户对产品已经熟悉，大量的新客户开始购买，市场逐步扩大。产品大批量生产，生产成本相对降低，企业的销售额迅速上升，利润也迅速增长。竞争者看到有利可图，便纷纷进入市场参与竞争，使同类产品供给量增加，价格随之下降，企业利润增长速度逐步减慢，最后达到生命周期的最高点。美极方便面以“鸡肉味”方便面切入市场空白点，形成了很大的市场优势。1997 年 12 月，厂家接连推出三个降价促销活动：一是对批发商的堆箱陈列奖励活动，二是碗面的“买一碗送一碗”促销，三是持续到 1998 年 2 月 15 日的“三个空袋换一包面”活动。独特的味道加上优惠的活动，掀起消费者排长队抢购的热潮。此时，该产品正处于其生命周期的成长期。

3. 成熟期

市场需求趋向饱和，潜在的客户已经很少，销售额增长缓慢直至转而下降，标志着产品进入了成熟期。在这一阶段，竞争逐渐加剧，产品售价降低，促销费用增加，企业利润下降。前面提到的美极方便面，由于营销策略上缺乏差异性，在竞争激烈的市场上单纯用大量促销做宣传，以及没有考虑到人们普遍认为方便面的营养价值不高，长期食用甚至有害健康这一重要因素，在大量的促销支持下，销售量仍逐月下跌。此时，该产品正处于其生命周期的成熟期。

4. 衰退期

随着科学技术的发展，新产品或新的代用品出现，将引导客户的消费习惯发生改变，转向其他产品，从而使原有产品的销售额和利润额迅速下降。于是，产品就进入了衰退期。1998 年 3 月开始，雀巢公司对美极方便面的市场库存产品进行清货收尾工作。此时，该产品进入了其生命周期的衰退期。

二、产品生命周期各阶段的特征及营销策略

典型的产品生命周期的四个阶段呈现出不同的市场特征，企业的营销策略也应以各阶段的特征为基点来制定和实施。

1. 投入期的市场特征及营销策略

（1）市场特征

投入期是新产品进入市场的最初阶段。新产品在经过开发过程后开始投入市场销售，这时是新产品能否在市场上站稳脚跟的关键时期。如果该产品在投入期即被消费者拒绝，那么，企业为此付出的努力将前功尽弃。产品只有度过艰难的投入期才能茁壮成长。投入期的特征是产品销量少，促销费用高，制造成本高，销售利润很低甚至为负值。根据这一阶段的特点，企业应努力做到：投入市场的产品要有针对性，进入市场的时机要合适，设法把销售力量直接投向最有可能的购买者，使市场尽快接受该产品，以缩短投入期，更快地进入成长期。

（2）营销策略

在产品的投入期，一般可以由产品、渠道、价格、促销四个基本要素组合成各种不同的市场营销策略。仅将价格高低与促销费用高低结合起来考虑，可以有以下四种策略，见表 3—9。

表 3—9　　投入期的营销策略

营销策略	具体介绍	适用范围	优点	示例
快速掠取策略	以高价格、高促销费用推出新产品	产品有较大的需求潜力；目标客户求新心理强，急于购买新产品；企业面临潜在竞争者的威胁，需要及早树立品牌形象	在每单位销售额中获取最大利润，尽快收回投资；高促销费用能够快速建立知名度，占领市场	国际钻石商贸公司推出“煽动系列”的钻石首饰时，在不到一个月的时间内，仅在某市电视媒体广告上投入的促销费用就高达数十万元，使这一系列别具一格的钻石首饰在最短的时间内吸引了众多消费者的目光
缓慢掠取策略	以高价格、低促销费用推出新产品	市场规模较小，产品已有一定的知名度，目标客户愿意支付高价，潜在竞争者的威胁不大	用尽可能低的费用开支获得更多的利润	某种珠宝加工新设备的问世，由于其本身属于高科技产品，不容易被竞争对手模仿，市场容量也比较有限，不适宜做大量的广告宣传，只需印制一些宣传册邮寄给珠宝加工商即可
快速渗透策略	以低价格、高促销费用推出新产品	产品市场容量相当大；潜在消费者对产品不了解，且对价格十分敏感；潜在竞争较为激烈；产品的单位制造成本可随生产规模和销售量的扩大迅速降低	在于先发制人，以最快的速度打入市场，取得尽可能高的市场占有率。然后再随着销量和产量的扩大，使单位成本降低，取得规模效益	某国产手机在上市之初，斥巨资聘请某著名歌星代言，使手机形象一下子深入人心，而其价格却仅为 1 000 元，对客户构成了很大的诱惑力
缓慢渗透策略	以低价格、低促销费用推出新产品	产品市场容量很大；市场上该产品的知名度较高；市场对价格十分敏感；存在某些潜在的竞争者，但威胁不大	可扩大销售，低促销费用可降低营销成本，增加利润	海尔集团在各大商场推出新款液晶电视，虽然没有大量的宣传，但利用其品牌本身的知名度和优惠的价格，即可吸引客户购买

2. 成长期的市场特征及营销策略

（1）市场特征

新产品经过市场投入期以后，消费者对该产品已经熟悉，消费习惯业已形成，销售量迅速增长，这种新产品就进入了成长期。进入成长期以后，产品在市场上已经打开销路，销售量稳步上升。老客户重复购买，并且带来了新的客户，销售量激增，企业利润迅速增长，在这一阶段利润达到高峰。随着销售量的增大，企业生产规模也逐步扩大，产品成本逐步降低，新的竞争者会介入竞争。随着竞争的加剧，新的产品特性开始出现，产品市场开始细分，分销渠道增加。企业为维持市场的继续成长，需要保持或稍微增加促销费用，但由于销量增加，平均费用有所下降。

（2）营销策略

针对成长期的特点，企业为维持其市场增长率，延长获取最大利润的时间，可以采取以下策略，见表3—10。

表3—10　　成长期的营销策略

营销策略	具体介绍	适用范围	优点	示例
改善产品品质	增加新的功能，改变产品款式，发展新的型号，开发新的用途	丰厚的利润会吸引大批竞争者加入，市场竞争加剧	可以提高产品的竞争能力，满足客户更广泛的需求，吸引更多的客户	羽绒服在其成长期，可以通过增加产品的款式、颜色达到提高销量的目的
寻找新的细分市场	通过市场细分，找到新的尚未满足的细分市场，根据其需要组织生产，迅速进入这一新的市场	产品已定型，技术和关键设备都相对成熟，已经建立了比较理想的销售渠道	拓宽了销售面，争取更多的消费群体	实行地区转移，比如城市向农村转移，有条件的企业还可以将产品向国外销售
改变广告宣传的重点	把广告宣传的重心从介绍产品转到建立产品形象上来	消费者已熟悉该产品，销售量迅速增加	更好地树立品牌形象，维系老客户，吸引新客户	美国杜邦公司当年曾以高昂的宣传成本强调社交必须穿袜子，促使其客户对产品多次购买使用。然后以广告、公共关系来促使人们公认少女穿尼龙丝袜是种正当的需要，以扩大市场，增加特定群体的购买量
适时降价	在适当的时机，可以采取降价策略	企业的促销费用水平基本稳定，占销售额的比率下降	激发那些对价格比较敏感的消费者产生购买动机和采取购买行动	海信集团曾在空调销售市场推出“工薪变频”空调，价格比其他产品的市场价格低1 000多元，立刻引起消费者争相购买

3. 成熟期的市场特征及营销策略

（1）市场特征

进入成熟期后，产品的销售量增长缓慢，逐步达到高峰，然后缓慢下降；产品的销售利润也从成长期的最高点开始下降；市场竞争非常激烈，各种品牌、各种款式的同类产品不断出现。

（2）营销策略

在成熟期，企业的主要任务是牢固地占领市场，防止与抵抗竞争对手的蚕食。对成熟期的产品，宜采取主动出击的策略，使成熟期延长，或使产品生命周期出现再循环。为此，可以采取以下三种策略，见表3—11。

表3—11　成熟期的营销策略

营销策略	具体介绍	适用范围	优缺点	示例
市场调整	不是要调整产品本身，而是发现产品的新用途，寻求新的用户或改变推销方式等，以使产品销售量得以扩大	市场基本饱和，销售增长率和利润率下降，但销量仍呈增长的趋势	优点：在成熟期开发产品新的市场，会大大延长产品的生命周期	尼龙曾是杜邦公司在第二次世界大战前发明的一种重量轻、强度高的材料，用来制作军用降落伞。战争结束后，尼龙的市场需求随之减少，经过研究，公司将尼龙转向非军事用途，后来打进针织市场，袜类等生意甚为兴隆
产品调整	通过产品自身的调整来满足客户的不同需要，吸引有不同需求的客户	市场饱和，销售增长率停滞甚至稍有下降，销售量在高水平上稳定下来	优点：整体产品概念的任何一个层次的调整都可视为产品调整	洗衣机厂商将普通洗衣机改为漂洗、甩干多功能的全自动洗衣机，这种品质的改进将提高产品的竞争地位
市场营销组合调整	通过对产品、定价、渠道、促销四个市场营销组合因素加以综合调整，刺激销售量的回升，常用的方法包括降价、提高促销水平、扩展分销渠道和提高服务质量等	虽然销售量仍比较高，但是销售增长率已明显下降，原有消费者的兴趣已经转向其他替代品	优点：简便易行 缺点：容易被竞争者模仿	产品品质不变，但降低价格，扩大销售渠道，便可以从竞争者那里吸引一部分购买者

4. 衰退期的市场特征及营销策略

（1）市场特征

产品销售量急剧下降，企业从这种产品中获得的利润很低甚至为零，大量的竞争者退出市场，消费者的消费习惯已发生改变。

（2）营销策略

在衰退期，企业的主要任务是尽快退出市场，尽量减少因存货过多给企业造成的亏损。面对处于衰退期的产品，企业需要进行认真的研究分析，决定采取什么策略，在什么时间退出市场。产品处于衰退期时企业通常有以下几种策略可供选择，见表3—12。

表 3—12　　衰退期的营销策略

营销策略	具体介绍	适用范围	优缺点	示例
继续策略	继续沿用过去的策略，仍按照原来的细分市场，使用相同的分销渠道、定价及促销方式，直到这种产品完全退出市场为止	产品本身缺乏时代感，更多消费者期待新产品的出现	优点：能使企业有序地转向新产品经营 缺点：耗时太长，可能需要耗费大量的精力和经营费用	诺基亚每一款新型手机在其衰退期，仍然坚持原来的营销模式逐步进行减产和淘汰，直到另一种新机型上市
集中策略	把企业的能力和资源集中在最有利的细分市场和分销渠道上，从中获取利润	产品刚进入衰退期，更多的竞争者也退出了市场	优点：有利于缩短产品退出市场的时间，同时又能为企业创造更多的利润	磁带在逐步被光盘所替代后，磁带厂商将市场转向了学校的教学需求，赢得了最后一桶金
收缩策略	放弃无希望的客户群体，大幅度降低促销水平，尽量减少促销费用，以增加目前的利润	大部分消费者已经对产品不感兴趣，但是仍然存在一小部分忠实的消费者	优点：能从忠实于这种产品的客户中获利 缺点：可能导致产品在市场上的衰退加速	收音机逐渐退出了历史舞台，但仍然拥有一部分忠实的消费群体。厂家将广告费用削减为零，大幅度精减推销人员，只从这部分忠实消费者中获利
放弃策略	当机立断，放弃经营	衰退比较迅速的产品	优点：迅速退市，在最大程度上降低损失	把产品完全转移出去或立即停止生产，也可采取逐步放弃的方式，使其所占用的资源逐步转向其他的产品

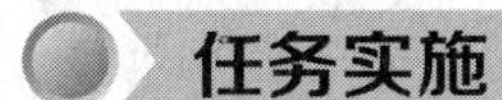

一、分析产品处于其生命周期的哪个阶段

小米 M1 从 2011 年 8 月 16 日发布到上市，这期间是投入期，是小米手机进入市场的最初阶段。之后，小米在这一年里取得了辉煌的成绩。

在小米 M2 正式发售前，小米公司曾提供了 600 台工程机给“核心用户”参与改进，在收集了这些体验者发现的问题之后，小米公司进一步对小米 M2 进行改进后才正式开售。通过小米 M1、小米 M1S、青春版这些产品的研发出售，以及消费者一系列的考验，小米手机已经从投入期过渡到成长期了。

手机通信市场竞争激烈，导致小米公司不断地进行产品的更新研发，小米 M2、小米 M3 逐渐取代之前产品的市场，结束它们的生命周期。但小米 M2、小米 M3 的出现也只是延长了原有产品的生命周期，使得消费者对小米手机产品更为熟悉，从而增加小米手机产品产量，使利润稳步提高。

由此可得结论：小米 M1 处于成熟期，而小米 M2 和小米 M3 正处于成长期。

二、根据产品所处的生命周期阶段具体采取的营销策略

小米手机在成长期中，市场同类产品竞争激烈，应该进一步扩大产品的市场，提高市场占有率。

具体采取的产品策略如下。

1. 挖掘客户对产品的新需求，从而不断创新和满足消费者更多个性化的需求。如在小米手机上开发新的功能：独有的无锁双系统，分区内置两个系统（米柚、原生安卓），独特的米键功能，米聊、小米伴侣等新功能。

2. 小米手机的硬件配置是让人最为瞩目的地方。

3. 包装和物流。包装设计简约时尚，且承重抗摔；物流配送渠道由凡客支持，大大提升物流品质。

具体采取的渠道策略如下。

1. 官方直销。小米手机通过电商渠道进行主要销售，渠道成本一般占整个手机成本的 30%，小米公司希望节省中间环节以降低手机的售价。改变传统的销售模式，充分利用互联网开拓网络营销与电子营销的新渠道。

2. 运营商渠道。与我国的三大移动通信运营商合作，生产定制机。

3. 选择各大手机电商、电子产品卖场作为第三方渠道。

具体采取的促销策略如下。

1. 高调宣传。高调宣传发布会，取得了众多媒体与手机发烧友的关注，并制造媒体宣传的话题。

2. 工程机先发布。小米手机的正式版尚未发布，却先采用秒杀的形式出售纪念版工程机。

3. 饥饿营销。在新产品发布之后，经常出现货源不足的情况，客观上刺激了消费者的购买力。

具体采取的品牌策略如下。

小米手机产品统一使用“MI”这个品牌，充分利用其品牌效应，减少成本，聚焦重点市场，打造品牌形象。

具体采取的品牌延伸策略如下。

在小米手机及其配件销售成功之后，把小米品牌成功嫁接到小米盒子、小米电视等衍生产品上。

思考与练习

案例一：1997 年 4 月，养生堂生产出第一瓶农夫山泉纯净水，以一种清新、自然的特性进入瓶装水市场，强调其产品的类别、水源、设备、包装、价格、口感和市场定位与其他同行企业的差别，打破了瓶装水市场由娃哈哈和乐百氏二分天下的局面，在瓶装水市场上取得了一席之地。据中华全国商业信息中心市场监评处对全国重点商场主导品牌的监测，1998 年农夫山泉市场综合占有率居于第三，仅次于娃哈哈和乐百氏，一举冲入纯净水市场的三甲行列。

问题：

1. 分析农夫山泉纯净水目前正处于生命周期的哪个阶段，并画出产品的生命周期图。

2. 如果你是养生堂的负责人，面对该产品现在所处的生命周期阶段，应该采用什么样的营销策略？为什么？

案例二：国内某知名啤酒生产商——J 牌集团 2016 年利用其专利科技成果开发出具有国内领先水平的 J 牌小麦啤。2016 年 5 月上市后，迅速风靡本省及周边市场，当年销量超过 10 万吨，成为 J 牌集团一个新的经济增长点。

高涨的市场需求和可观的利润回报使竞争者也随之发现了这座“金矿”，一时间市场上出现了五六个品牌的小麦啤酒，而且基本上都是外包装抄袭 J 牌小麦啤，酒体仍然是普通啤酒，口感较差。但竞争者的产品凭借 2 元左右的超低价格，在农村及乡镇市场迅速铺开，这很快造成小麦啤酒市场竞争秩序的严重混乱，J 牌小麦啤的形象遭到严重损害，产品销售量在整个行业中所占的比重大大降低。

问题：

1. J 牌小麦啤正处于其生命周期的哪一个阶段？

2. 目前市场中同类产品竞争激烈，产品市场份额严重下滑，请你帮助该企业策划现阶段应采取的营销策略。

任务 4　产品价格策划

知识目标

- 掌握价格和价格策划的概念
- 熟悉价格策划的程序和方法

能力目标

- 能进行产品价格策划

任务引入

2011 年 8 月 16 日，200 余家媒体以及 400 名品牌爱好者齐聚北京 798D-PARK 艺术区，共同见证发烧友级重量手机小米 M1 的发布。小米公司董事长兼首席执行官——雷军先极其详细地介绍了小米 M1 的各种参数并展示其优点。在激发了人们的兴趣之后，临近结束之时，他用一张极其庞大醒目的页面公布了小米 M1 的价格：1 999 元。

在手机界专业人士普遍看衰的情况下，小米手机的预订却火爆异常，始终处于供不应求的状态，前两轮开放购买都在短时间内将 10 万部的备货销售一空，小米公司开始的第三轮开放购买更是引发了抢购热潮。

请思考并分析以下问题。

面对智能手机市场竞争激烈的局面，小米手机采取了怎样的产品价格策划占据市场？

任务分析

价格策划是企业一项重要的策划项目，也是最复杂的策划项目。我们常说价格战是双刃剑，一方面，价格战尤其是策略性的降价是最为有效的促销手段，是打击竞争对手，提升自身的主要武器；另一方面，价格战如果运用不当，对发起者自身的损伤也是相当大的，“损人不利己”的案例时有发生。因此，产品的定价策略成为影响目前智能手机市场竞争的主要因素之一。如何科学地运用定价策略，是现阶段提升智能手机市场竞争力的一个主要方面。

相关知识

一、价格与价格策划

从广义的角度来看，价格是消费者在交换中所获得的产品或服务的价值。从狭义的角度来看，价格是对一种产品和服务的标价。站在商家的角度，价格是企业准备把手上的货物多少钱卖出去，不仅要赚钱，而且还要保证渠道商和消费者都能够得到满足和实惠。消费者买东西最关心的是价格，经销商、生产企业首先看利润，价格是关键。所以，做生意、做品牌、做市场都是从定价开始的。

价格策划是市场营销组合中一个十分关键的组成部分，是指使产品的价格或价格体系能够适应消费者的需要和实现企业战略目标的谋划。

二、价格策划的程序和方法

价格策划作为一项管理工作，有其一定的工作程序，一个完整的价格策划过程如图 3—3 所示。

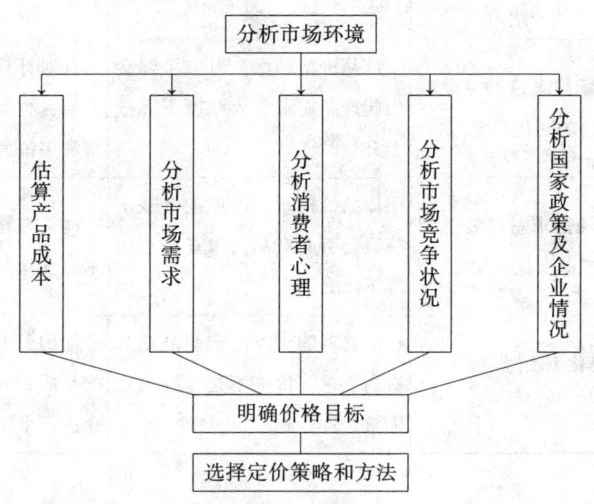

图 3—3 价格策划的过程

1. 分析市场环境

企业价格的制定是在特定的市场环境下进行的。为此，在制定价格前需对影响价格的因素和力量进行分析。影响价格的环境因素涉及产品成本、市场需求状况、消费者心理、市场竞争状况、国家政策及企业情况等，策划人员对这些因素都要仔细地进行分析。

（1）估算产品成本

任何企业都不能随心所欲地制定价格。在实际定价中，首先考虑的应该是产品的生产成本，因为它是产品定价的基础。产品成本是企业核算盈亏临界点的基础，一种产品的最低价格取决于这种产品的成本。从长远看，任何产品的销售价格都必须高于成本，只有这样，企业才能获利，否则就会价格穿底，企业要扩大再生产就比较困难。

企业定价时首先要使总成本得到补偿，这就要求价格不能低于总成本。

（2）分析市场需求

与产品成本决定价格下限相反，市场需求决定着产品价格的最高临界点，价格再高不能高到无人购买的程度。考虑市场需求对定价的影响时应把握以下几点。

1）供求关系。产品价格与市场供给成正相关，与需求成负相关。在其他因素不变的情况下，产品的供给量随价格的上升而增加，随价格的下降而减少。而产品的需求量则随价格的上升而减少，随价格的下降而增加。由此可见，产品价格的高低直接影响到产品的销售，企业在给产品定价时，必须考虑到市场供求状况对价格的影响。

2）商品需求特性。商品需求特性对价格的影响表现在以下三个方面，见表3—13。

表3—13　　商品需求特性对价格的影响

特性	具体介绍	影响	示例
需求弹性大	产品市场需求量的变化幅度大于价格的变化幅度	商品价格稍微上升或下降会引起产品需求量大幅度下降或上升	针对计算机、服装、旅游产品等产品，企业可采用降价策略，通过薄利多销达到增加利润的目的
需求弹性小	产品市场需求量的变化幅度小于价格的变化幅度	商品价格较大幅度上升或下降只会引起产品需求量较小幅度下降或上升	购买频繁的日常生活用品，如大米、食盐等，即使薄利也未必多销
需求弹性标准	价格变化对销售额影响不大	消费者购买时对产品品质具有高要求，价格不是主要决定因素	如购买大型工业机器设备，产品的品质和性能是选择的主要依据，企业可采用随行就市的定价策略

（3）分析消费者心理

企业定价时，必须考虑消费者的心理因素，因为消费者对价格产生的各种心理直接影响到消费者的购买行为和消费行动，具体影响见表3—14。

表3—14　　消费者心理对其购买行为的影响

心理	具体介绍	影响
欲购心理	消费者对未来一段时间内市场商品供求及价格变化趋势的一种预测	当消费者感到商品有涨价趋势时，会争相购买；反之，就会持币待购
认知价值和其他消费心理	消费者面对商品，会凭借自己对其的了解、后天学习、不断积累的购物经验以及自身对市场行情的了解，同时结合个人的兴趣和爱好，对商品价值产生一种心理上的价值估计	消费者购买时，常常要将商品的价格与自己内心的认知价值进行比较，然后选择价格差异最小的商品，最终做出购买决策，产生购买行为

（4）分析市场竞争状况

价格竞争是企业经营竞争的重要手段和内容。竞争对手的多少以及竞争的激烈程度对产品定价的影响很大，例如，那些对资源水平要求不高，或对技术、设备要求不高，容易经营的产品，企业面对的潜在威胁就更大。在充满竞争的市场中，企业定价在一定程度上要受竞争对手的左右。由于市场竞争状况不同，企业定价的自由程度也不同，可以分为以下四种类型，见表3—15。

表 3—15 市场竞争状况对价格的影响

类型	具体介绍	影响	示例
完全竞争	市场上卖主和买主人数众多，每人买卖的商品只占商品总量的一小部分。从买主的角度看，所有卖主提供的商品都是相同的，所有卖主出售商品的条件如包装、服务等都相同，新的卖主可自由进入市场。买卖双方对市场信息尤其是价格变动的信息都完全了解。生产要素在各行业之间具有完全的流动性	无所谓定价问题，因为价格是在竞争中由整个行业的供求关系自发决定的，每个企业只能是价格的接纳者，而不是制定者	生产黄金制品、钢铁产品的企业
完全垄断	整个行业的市场完全被一家卖主独占，可以是政府垄断或者政府特许的私人垄断	垄断者可以根据自己的经营目标在法律允许的限度内自由定价	中国印钞造币总公司
垄断竞争	由于产品差别（商标、质量、特色）的存在，每一个生产者都对自己的产品有垄断权，但同时可替代的同类产品的生产者又为数众多，彼此之间展开激烈的竞争，价格就是在这种竞争中产生的	每一个生产经营者都是自己产品价格的制定者，都存在一定程度的定价自由的可能性	手机、汽车产品制造商
少数大集团公司非价格竞争	为数不多的几家大企业供给该行业的大部分产品，它们对市场价格具有决定性的作用	价格往往不是由供求关系直接决定，而是由少数垄断者协调商定。这种价格比较稳定，价格竞争趋于缓和，但非价格竞争激烈	中国石油天然气集团公司、中国石油化工集团公司

（5）分析国家政策及企业情况

1）国家有关的政策、法规。国家的有关方针政策对市场价格的制定有着重要的影响，在社会经济生活中充当着极其重要的角色。政府可以依据价值规律，通过物价、税收、金融等有关政策、法规对市场价格进行直接、间接的控制和干预。因此，企业给自己的产品定价时，应该考虑国家有关的政策和法规，同时还应综合考虑币值、货币流通以及国际市场经营状况、国际产品的价格变动等因素。

2）企业内部的各项政策。在定价前，还需综合考虑与销售有关的因素。例如，就产品而言，要考虑产品处于哪个周期，质量如何，品牌在消费者心目中的地位等；就销售渠道而言，要考虑中间环节有多少，其效能如何；就促销策略而言，要考虑经由哪些促销活动实现销售，其费用大约是多少。

2. 明确价格目标

在通过对消费者、竞争者、成本、市场需求、企业内外部各项政策等因素进行分析以后，就可以明确企业的价格目标了。价格策划的目标是定价和调价的指导方针，它直接影响着企业的价格行为。企业选择的价格目标通常有：利润目标（当期利润最大化目标、适度利润目标）、销售目标（最大销量目标、保持或扩大市场占有率目标）、竞争目标（应付和避免竞争目标、维持企业生存目标）。具体分析见表 3—16。

表 3—16　　价格策划的目标分类

目标类型		具体介绍	适用范围	优缺点
利润目标	以追求长期最高利润为目标	追求长期的最高总利润而非最高价格，企业在短期内通过低价策略争取客户，或牺牲局部利润争取整个企业的最高利润	大多数企业	优点：理论上比较完美 缺点：实际运用中容易受到各种限制
	以获取适度利润为目标	企业在补偿社会平均成本的基础上，加上适度利润作为产品价格，以获取正常情况下的一种合理利润	既希望实现利润增长率，又希望确保企业长期生存发展，树立良好形象的企业	优点：消费者容易接受产品价格，定价目标兼顾了企业利益和社会利益
销售目标	以产品的最大销量为目标	企业争取销售量的最大化	单纯强调实现某一营业额，而并未明确规定应实现的利润总额的企业	缺点：产品销量增加，成本实际也在增加，并不一定带来利润的提高，甚至销量越大，企业亏损越严重
	以保持或提高市场占有率为目标	企业追求产品的销售量在同类产品市场销售总量中所占的比重，通过较长时间的低价来吸引消费者，扩大销售量，同时根据竞争对手的价格水平不断调整自己的产品价格，以保证自己的竞争优势，并力争从竞争者手里夺取更大的市场份额	实践中，许多企业都采用这种定价目标	优点：具有获取长期较好利润的可能性 缺点：必须具有雄厚的经济实力，能承受一段时间的亏损，并对竞争对手情况有充分的了解，否则企业不仅难以达到目标，反而可能遭到损失
竞争目标	以维持企业生存为目标	企业制定较低价格，只求能收回流动成本或部分固定成本即可，即以保本价或亏本价出售产品	由于经营不善、竞争过于激烈或消费者的需求偏好发生了变化而造成产品积压严重，资金难以周转，陷入生存困境的企业	优点：使企业可以维持下去并寻求新的转机 缺点：只是一种权宜之计，企业还需进一步调查市场做出经营策略的调整，才能摆脱困境
	以应付和避免竞争为目标	定价的主要依据是对市场价格有决定性影响的竞争者的价格。如果企业自身竞争力弱，制定比竞争者稍低的价格；如果竞争力强，制定比竞争者稍高的价格	希望减少亏损和风险的企业	优点：可以避免对竞争双方都有害无益的价格大战

3. 选择定价策略和方法

明确企业的价格目标后，在定价时可以根据企业的经营目标采用多种策略。

（1）新产品的定价策略

新产品的定价策略是企业新产品开发的重要组成部分，影响着企业如何使自己的新产品顺利地进入市场，被消费者接受，打开销路，从而取得较好的经济效益。一般来说，新产品的定价策略有三种选择，见表3—17。

表3—17　　新产品的定价策略

定价策略	具体介绍	适用范围	优缺点	示例
撇脂定价	把产品的价格定得很高投入市场，以赚取最大利润。就像从牛奶中撇取奶油一样，取其精华	与竞争者的产品差异较大，具有相当多的独特性，需求弹性不大，产品不易仿造，新产品还没有在消费者心目中产生预期价格	优点： 1. 高价产生厚利 2. 利用消费者的求新心理提高产品的身份 3. 新产品价格较高，待其进入成熟期后有较大的调价空间 缺点： 1. 高价可能令人望而生畏，抑制购买 2. 高利容易诱发竞争	1954年，雷诺公司将成本仅为0.5美元的圆珠笔上市价定为10美元，由于广告宣传效应和消费者求新心理，人们争相购买，后来其他厂商见利眼红蜂拥而上，产品跌至0.7美元，但此时雷诺公司早已经赚了一大笔钱
渗透定价	为了得到消费者的接纳，迅速渗透并占领市场，把产品价格定在低于竞争者价格的水平上	有大量投资支持的实力较强的企业，产品与竞争对手无明显差别，需求弹性大，产品易于仿制	优点：低价易于被市场接受；随着销路扩大、产量增加，企业生产成本会逐渐下降；微利阻止了竞争者的进入 缺点：企业只能赚取微薄利润，而且可能给消费者造成产品档次较低的印象	奇瑞汽车的QQ系列，上市定价在3万~4万元，吸引了许多原本想拥有汽车但却没有能力购买的客户
温和定价	按照企业的正常成本、国家税金和一般利润，制定出中等价格	当不存在适合撇脂定价或渗透定价的环境时	优点：避免了价格过高或者过低的不是 缺点：可能缺乏一定的进攻性	很多快餐品牌定价温和，既能获取一定利润，又能吸引客户持续购买

（2）消费者心理定价策略

心理定价是指企业定价时，利用客户心理有意识地将产品价格定高或者定低，引导和刺激消费者购买。具体可以分为以下三种策略，见表3—18。

表 3—18 消费者心理定价策略

定价策略	具体介绍	适用范围	优缺点	示例
尾数定价	在价格数字上不进位，保留零头	单位价值较低的日常生活用品	优点：使消费者认为尾数价格经过精密计算而产生真实感、信任感和便宜感，等待找零期间可能会看到其他商品引起购买动机 缺点：可能引起部分害怕找零的消费者的反感	超市里的商品价格大多保留尾数，如 5.98 元、9.99 元等
声望定价	企业利用客户因仰慕名牌商品或名店的声望而产生的心理，制定高于其他同类产品的价格	产品本身的价值较高或者企业和产品的声誉较高	优点：使企业及其产品在消费者心目中的形象更加完美 缺点：高价可能会抑制购买，因此必须辅以高质量的产品和周到的服务，否则容易失去市场	金利来领带一上市就以优质、高价定位，宣称对有问题的领带决不上市也不低价处理，给消费者的感觉就是该品牌不会有质量问题，而低价销售的“金利来”也绝非真正的金利来产品
招徕定价	利用部分客户的求廉心理，特意将几种商品的价格定得较低以吸引客户到商店来	大多数客户熟悉且日常生活必需、购买频率较高的商品，而非低劣过时的商品	优点：可借机带动其他商品的销售，扩大销售业绩 缺点：降价品的数量太多容易引起亏损，太少则不容易引起消费者注意	日本创意药房将一瓶 200 元的药品以 80 元低价出售，每天有大量的消费者抢购，由于消费者进药店往往都不只购买一种药，而且看到该药品便宜会产生“其他药也同样便宜”的心理，促成了盲目购买，使药店盈利逐月增长

（3）产品组合定价策略

当企业经营多种产品时，定价需着眼于实现整个产品组合的利润最大化，而不是单个产品的利润最大化。通常有以下四种策略可供选择，见表 3—19。

表 3—19 产品组合定价策略

定价策略	具体介绍	适用范围	优点	举例说明
选择品定价	当客户购买企业多件相关产品时，企业提供多种价格方案以供选择	客户需要购买企业的多件相关产品	能刺激客户多买商品	饭店的客户除了订购饭菜外还会购买酒水，许多饭店饭菜的定价低，而酒水的定价高

续表

定价策略	具体介绍	适用范围	优点	举例说明
补充品定价	主要商品定价低，附属产品定价高	需要附属或者补充产品的商品	低价的主要商品吸引客户购买，而企业能从高价的连带产品中获取利润	美国吉列公司生产的刮胡刀，其刀架价格并不高，但只能使用该公司的专用刀片，而刀片的市场价格较高
分步定价	企业先收取一笔固定费用，再加上可变的使用费用	服务性企业	固定成本的低价推动人们购买服务，然后从使用费中获得利润	游乐园一般先收门票费，如果游客游玩的项目超出门票规定范围，就要单独交费
产品系列定价	企业以低价格出售一组产品	系列产品	也许客户并不需要这一组合中所有的产品，但由于组合价格低于单独购买每一种产品的费用的总和，因此推动了客户的购买	化妆品、计算机、假期旅游公司为客户提供的一系列活动方案

任务实施

小米手机目前面临同类产品竞争激烈的局面，要先从市场环境分析入手，然后通过对环境中各项因素的分析，制定明确的价格目标，最后根据价格目标选择适当的价格策略。

智能手机市场对价格高度敏感，低价能刺激需求迅速增长，生产与分销的单位成本会随生产经验的积累而下降，低价能吓退现有的和潜在的竞争者。

小米公司采用的定价策略有渗透定价、心理定价、捆绑定价等。

一、渗透定价

即在新产品上市之初将价格定得较低，吸引大量购买者，扩大市场占有率。

由低价产生的两个好处是：首先，低价可以使产品尽快为市场所接受，并借助大批量销售来降低成本，获得长期稳定的市场地位；其次，微利阻止了竞争者的进入，增强了自身的市场竞争力。当然，低价利微投资回收期较长，不利于企业形象的树立，有可能招致反倾销报复。

1 999 元就能够买到相当不错的智能手机，这对消费者来讲是一种很大的吸引力，小米手机第一次网上销售被一抢而空更能说明高性价比对消费者的吸引力，这为小米手机提高市场占有率创造了很大的优势。

小米 M1 手机与同等配置的手机相比，价位的确是吸引人的，这是小米公司能够在短时间内积聚大量人气，提高销量的一大重要法宝。

二、心理定价

尾数定价即保留价格尾数，采用零头标价，将价格定在整数水平以下，使价格保留在较低一级档次上。小米官网所有产品定价几乎都以“9”结尾，给人一种心理上低价的暗示，提高了消费者的购买欲望。

三、捆绑定价

捆绑定价也叫价格捆绑策略或捆绑价格策略，是指将两种或两种以上的相关产品捆绑打包出售，并制定一个合理的价格，这种销售行为和定价方法常常出现在电子商品领域。

小米官网上出售配件的配件专区，往往以保护套装、电池套装进行搭配销售。例如，电池、专用后盖、座充组合，原价 247 元，现价 129 元，立省 118 元。

综上所述，小米手机以“为发烧而生”为宣言，加上高配置、高质感在智能手机市场中打响了名号，出乎意料的渗透定价策略更是迎合了不少渴望购买智能手机，但经济承受能力有限、相对比较理性的手机用户，加上小米公司独到的营销策略，迅速打开了市场，销量大增。

小米公司充分考虑到消费者的心理状况，通过心理定价和捆绑定价的策略，满足了人们渴望低价、冲动购买等心理，在消费者心中形成物美价廉的形象，从而提高了产品销量。

思考与练习

案例一：某珠宝公司一直以其精美的设计和优良的品质享有盛名。几个月前，该公司推出了一套以钻石为原料制作的手镯、耳环和项链，为了让客户感觉物超所值，公司定价时在考虑了成本和平均利润的基础上，制定了比以往本公司首饰的价格要低三分之一的价格。

一个月过去了，商品的销售情况并不令人满意，客户没有因为低价格而对新产品产生浓厚的兴趣。

问题：

1. 请分析为什么该公司使用新产品低价策略并不能吸引消费者购买。

2. 心理定价法对珠宝销售有什么帮助？在未来的定价决策方面你会给该公司提出

哪些建议？

案例二：卡特匹勒公司为其拖拉机定价 10 万美元，尽管其竞争对手同类的拖拉机售价只有 9 万美元，卡特匹勒公司的销售量仍超过了其竞争者。一位潜在客户问卡特匹勒公司的经销商，买卡特匹勒的拖拉机为什么要多付一万美元，经销商回答说：

90 000 美元是拖拉机的价格，但与竞争者的拖拉机价格相比，卡特匹勒公司的拖拉机有价格加成。

1. 加 7 000 美元是最佳耐用性的价格加成。

2. 加 6 000 美元是最佳可用性的价格加成。

3. 加 5 000 美元是最佳服务的价格加成。

4. 加 2 000 美元是零件较长保修期的价格加成。

所以，11 万美元是总价值的价格，去掉一万美元折扣，10 万美元是最终价格。

客户惊奇地发现尽管他购买卡特匹勒公司的拖拉机需多付一万美元，但实际上他却得到了一万美元的折扣。最终，他选择了卡特匹勒公司的拖拉机，因为他相信卡特匹勒拖拉机的性价比最高。

问题：

1. 卡特匹勒公司采用的是什么定价策略？

2. 为什么该客户能够接受该公司的价格？

模块四　营销实施

在模块三中，我们已经完成了营销策划，如何更好地实施市场营销策划，是本模块要解决的主要问题。本模块在已经建立了符合企业营销目标的产品策略及与产品价值相适应的价格策划基础上，通过对渠道实施、人员推销、广告宣传、公共关系管理等方面的有效管理，保证营销实施的效果。

任务1　营销渠道实施

知识目标

- 掌握营销渠道的概念和结构
- 掌握营销渠道的控制和管理方法

能力目标

- 能根据企业现有产品和内外部环境管理营销渠道
- 能处理好渠道中存在的冲突和窜货现象

任务引入

权威机构的调查报告显示，目前方便面的销售仍主要依赖于传统的渠道，中国有99%的方便面生产企业都是通过经销商的渠道平台来销售产品的，但随着近几年现代渠道的快速发展，白象集团等大举进入现代通路渠道，令康师傅公司感到了越来越大的渠道挤占压力。为了保住方便面市场第一品牌的地位，作为行业老大的康师傅公司也不得不将越来越多的资源和精力投入到完善渠道体系、整合渠道资源、优化渠道结构等方面来。

请思考并解决以下问题。

方便面业内一场渠道战正开展得如火如荼，那么康师傅公司在完善渠道体系、整合渠道资源、优化渠道结构方面应该如何着力呢？

任务分析

在上述问题中，康师傅公司如何创建一个适合自己的渠道、如何制定渠道政策以达到刺激渠道销售最大化、如何管理渠道以达到经营者与消费者双方的和谐是其在渠道战中制胜的关键。“渠道为王”，康师傅公司只有在渠道中获得竞争优势，才能获得持久的行业优势。这就需要在研究市场的需求状况、渠道的发展规模、企业的资源现状、产品的竞争能力以及竞争对手的渠道网络的基础上，推进优化渠道结构，解决渠道冲突，制定渠道策略，为企业构建完善的渠道网络。对企业已经规划出来的一个或一组产品，进行合适的渠道与终端建设，这是产品从“实验室”转化到“消费者”的关键。

相关知识

营销策划工作完成以后，就要按照营销策划方案构建渠道或进行现有渠道的改进。企业的产品组合是否能达到预期的销售目标，选择什么样的渠道至关重要。产品营销渠道的选择，影响着人们对商品品质的印象。处于产品生命周期不同阶段的商品，营销渠道的选择也不同。

对于一个企业来说，营销渠道实施其实就是对市场的覆盖和占领，是市场营销的关键内容之一；同时，营销渠道实施也是最能体现企业营销战略思维的。

一、营销渠道的基础知识

1. 营销渠道的概念

营销渠道是生产者和使用者之间的贸易通道，即产品或服务转移所经过的路径，由参与产品或服务转移活动以使产品或服务便于使用或消费的所有组织构成。如图 4—1 至图 4—3 所示为三种典型的营销渠道模型。

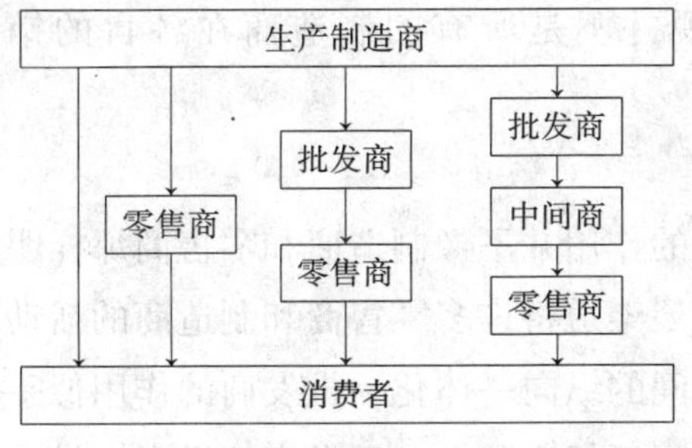

图 4—1　消费品营销渠道的典型模型

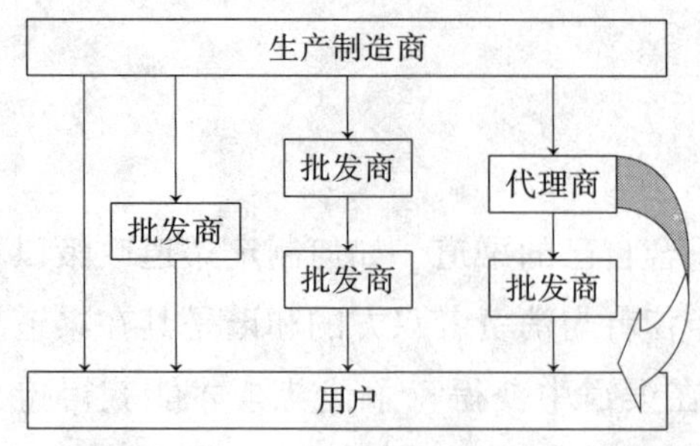

图 4—2　工业品营销渠道的典型模型

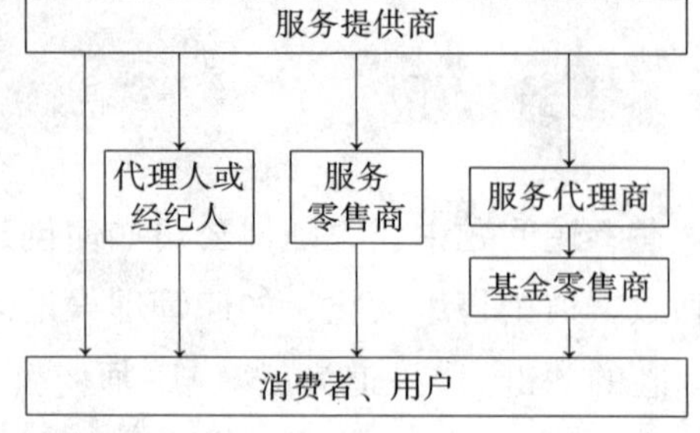

图 4—3　服务营销渠道的典型模型

在此基础上，再来看如图 4—4 所示的家电业渠道模型。

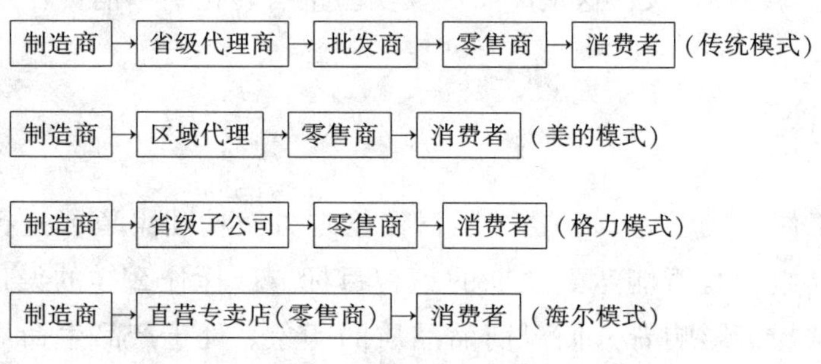

图 4—4　家电业产品营销渠道

从图 4—1 至图 4—4 中可以发现，营销渠道的源头是制造商，终端是用户或消费者。在制造商和最终用户之间，存在着大量的市场营销中介机构，它们既有各自的名称，如批发商、零售商、直营专卖店等，也执行着不同的功能。从广义上说，这些在商品流转过程中起作用的所有组织都是营销渠道的成员。

（1）制造商

制造商是指创造产品的企业。作为品牌产品的创造者，制造商广为人知并被认为是渠道的源头和中心。像通用电气、通用汽车、索尼、飞利浦这样成功的制造商在各自的分销渠道中占据着举足轻重的位置。但是，许多服务于工业领域的制造商并不为人们所熟知，所以说并不是所有的制造商在各自的销售渠道中都占据着主导地位。

（2）批发商

批发商在分销渠道中的作用并不像制造商和零售商那样明显。批发商曾经是渠道的主导，它们通过设计和发展渠道将许多零售商和制造商的活动联结起来。最近几年，由于许多零售商和制造商之间的纵向一体化，批发商的作用似乎在减弱，批发商被认为是在分销渠道中不必要的一环。但实际上，批发商远没有被排除在分销渠道之外，许多著名的批发商仍主导着其各自的分销渠道。

（3）零售商

与制造商直接对应的是零售商，它们是分销渠道中最靠近消费者的。零售商利用各种购物环境把不同制造商的产品提供给消费者。在许多渠道中，零售商是主导力量，就像沃尔玛和西尔斯那样，它们决定了如何组织和运作整个分销过程。实际上，信息技术的高速发展已经使零售商在分销渠道中的作用越来越重要。

（4）消费者

消费者是整个分销渠道的终点。制造商、批发商、零售商的诸多努力都是为了满足消费者的需要，实现商品的销售，从而最终实现各自的盈利。因此，消费者的类型、购买行为、购买特征都是各渠道中间商关注的焦点。

2. 营销渠道的结构

营销渠道的结构可以分为长度结构、宽度结构两种类型。

（1）长度结构

营销渠道的长度结构，又称为层级结构，是指按照其包含的渠道中间商（购销环节），即渠道层级数量的多少来定义的一种渠道结构。

通常情况下，根据包含渠道层级的多少，可以将一条营销渠道分为零级、一级、二级和三级渠道等。

零级渠道，又称为直接渠道，是指没有渠道中间商参与的一种渠道结构。零级渠道是大型或贵重产品以及技术复杂、需要提供专门服务的产品销售采取的主要渠道。在IT产业链中，一些国内外知名的IT企业，比如联想、IBM、惠普等公司设立的大客户部或行业客户部等就属于零级渠道。另外，戴尔的直销模式也是一种典型的零级渠道。

一级渠道包括一个渠道中间商。如图4—2所示，在工业品市场上，这个渠道中间商通常是一个代理商、佣金商或经销商；如图4—1所示，在消费品市场上，这个渠道中间商通常是零售商。

二级渠道包括两个渠道中间商。如图4—2所示，在工业品市场上，这两个渠道中间商通常是代理商及批发商；如图4—1所示，在消费品市场上，这两个渠道中间商则通常是批发商和零售商。

三级渠道包括三个渠道中间商。这类渠道主要出现在消费面较宽的日用品和食品中，比如肉食品及方便面等。

（2）宽度结构

渠道的宽度结构，是指根据每一层级渠道中间商数量的多少来定义的一种渠道结构。渠道的宽度结构受产品的性质、市场特征、用户分布以及企业分销战略等因素的影响。渠道宽度结构的类型见表4—1。

表 4—1　　　　渠道宽度结构的类型

类型	具体介绍	示例
密集型分销渠道	也称为广泛型分销渠道，制造商在同一渠道层级上选用尽可能多的渠道中间商来经销自己产品的一种渠道类型	多见于消费品领域中的便利品，比如牙膏、牙刷、饮料等。工业品中的一般原材料、小工具、标准件等也可采用此分销形式
选择型分销渠道	在某一渠道层级上选择少量的渠道中间商来进行商品分销的一种渠道类型	一般来说，消费品中的选购品和特殊品、工业品中的零配件宜采用此分销形式
独家分销渠道	在某一渠道层级上选用唯一的一家渠道中间商的一种渠道类型	一般来说，此分销形式适用于消费品中的家用电器、工业品中的专用机械设备。同时，许多新品的推出也多选择独家分销的模式，当市场广泛接受该产品之后，许多公司就从独家分销渠道模式向选择性分销渠道模式转移。例如，东芝和三星的笔记本电脑产品渠道等的选择

二、营销渠道实施

营销渠道实施的核心就是渠道管理。渠道管理的主要目的就是为了使整个渠道的运行过程更高效，其重要任务是对渠道进行有效的控制和对渠道冲突进行有效的管理。

1. 营销渠道控制

在这里从营销组合的角度来分析渠道控制问题，渠道控制内容见表 4—2。

表 4—2　　　　渠道控制内容

营销组合	主要内容
对产品和服务的控制	主要包括对产品的生产、产品的相关策略、各成员间相互监督以及产品提供的各种服务进行控制
对价格的控制	主要包括对批发价格、零售价格的控制，对折扣政策的控制，对定价策略的控制。例如，汽车行业的生产商就采用 4S 店的销售模式控制下游的销售环节，牢牢把握定价权，也可以实现全国甚至全球统一的调价。钢铁行业的许多上市公司或其母公司都直接掌握铁矿石资源，通过控制上游渠道来获得更多的定价空间，如西宁特钢、鞍钢股份、包钢股份、酒钢宏兴、攀钢钢钒、承德钒钛等
对促销的控制	主要是对促销活动的控制。渠道促销不仅可以降低企业的营销费用，减少促销流程的复杂程度，增强可控性，还可以争取商家的资金，扩大商家的库存吞吐量，促使商家投入更多的精力分销产品 如果企业促销监控落实不到位，就可能改变企业促销的初衷，无法保证各个层级商家及消费者的应得利益，影响渠道的良性发展，就会出现大商家不将企业的让利受惠给下级商家的情况。还有可能使大商家利用促销产品的价格优势冲击其他区域市场，扰乱市场秩序，破坏价格体系，引发区域商家之间的矛盾，最终影响品牌的建设与发展

2. 渠道冲突管理

渠道冲突是指渠道成员发现其他渠道成员从事的活动阻碍或者不利于本组织实现自身的目标，从而发生种种的矛盾和纠纷。

冲突是渠道运作的常态。不少企业对渠道冲突往往重视不够，缺乏相应的渠道冲突协调机制，对渠道冲突认识不深，往往消极防范或仓促应对，导致更多的矛盾发生。因此企业应早做准备，对冲突的来龙去脉、基本类型及活动特点认真研究，仔细探讨如何规避渠道冲突，最终使冲突能为企业所利用。

制造商与制造商、制造商与中间商、中间商与中间商之间的冲突是不可避免的，这既源于强烈的逐利动机，又迫于残酷的市场竞争。但是凡事都有利有弊，从某种程度上讲，渠道发生适度的冲突又未尝不是一件好事。

第一，有可能一种新的渠道运作模式将取代旧有模式，从长远来看，这种创新对消费者是有利的。

第二，完全没有渠道冲突和客户碰撞的制造商，其渠道的覆盖与市场开拓肯定有瑕疵。渠道冲突的激烈程度还可以成为判断冲突双方实力及商品热销与否的“检测表”。

所以，制造商大可不必为渠道冲突而感到一筹莫展。当然，对于恶性冲突，必须尽快处理，否则，利润可能会落入竞争者的口袋。

(1) 渠道冲突的关键因子

我们先来看一个案例——经典的囚徒困境。

警方逮捕甲、乙两名嫌疑犯，但没有足够证据指控二人有罪。于是警方分开囚禁嫌疑犯，分别和二人见面，并向双方提供以下相同的选择。

若一人认罪并作证检举对方（相关术语称“背叛”对方），而对方保持沉默，此人将即时获释，沉默者将判监10年。

若二人都保持沉默（相关术语称互相“合作”），则二人同样判监半年。

若二人都互相检举（互相“背叛”），则二人同样判监两年。

具体概述见表4—3。

表4—3　　囚徒困境

	乙沉默（合作）	乙认罪（合作）
甲沉默（合作）	(0.5，0.5)	(10，0)
甲认罪（合作）	(0，10)	(2，2)

从上述案例中不难看出，甲、乙两名嫌疑犯会因为要达到目的，即获得的“价值”不同而采取不同的选择，所引起的结果当然也会不同。我们从表4—3中可以看出，当甲、乙两人都想达到“即时释放”的目的时，也就是说都在追求各自“价值”最大化

时，就会有冲突出现。例如，甲嫌疑犯想被即时释放，唯一的选择就是背叛，乙也是同样，最后的结果将会是两人各判两年，则无法达到各自的目的，于是甲、乙之间就会产生“冲突”。同样还会有这种情况出现，甲嫌疑犯想达到各自判半年的目的选择了沉默，而乙嫌疑犯则不然，乙想即时获释，于是选择了背叛，出现的结果就是甲被判了10年，乙无罪释放，在二者之间依然会有冲突出现。

同理，所有渠道冲突都是由“价值”引起的，渠道成员之间的关系说到底是“价值交换关系”，“渠道”就是渠道成员为了降低交易成本而以契约形式明确各方责权利从而形成的价值链。所以，一切渠道冲突必然是因价值链上的渠道成员之间价值交换的障碍而起。化解渠道冲突的根本之道是发现、创造、传递渠道价值。

（2）渠道冲突的基本类型

渠道冲突的三种基本类型见表4—4。

表4—4　渠道冲突的基本类型

渠道冲突类型	具体介绍	示例
不同品牌的同一渠道之争	该种渠道对持有不同品牌的制造商来说都很重要，都势在必得，目的是尽快进入市场；制造商为争夺同一条渠道，都会许诺比对方更优惠的条件来吸引中间商；上游供应商之间的冲突为中间商获得最大利益提供了空间，使中间商处于更为有利的谈判地位；中间商可能同时代理多家品牌，但现实往往很难使所有品牌制造商都满意；不同中间商对一家二级经销商或代理商的争夺也可能造成彼此之间的冲突	在两个渠道系统中，企业A与企业B之间，企业A的总代理商与企业B的一级代理商之间，以及企业A的二级代理商与企业B的二级代理商之间的冲突就属于不同品牌的同一渠道之争
同一品牌内部的渠道冲突	制造商开拓了一定的目标市场之后，中间商将在目标市场上大兴“圈地运动”，争夺更多的市场份额，争取制造商更多的青睐。冲突的原因大多是制造商没有对目标市场的中间商数量做合理规划，产生互相倾轧现象；也可能是制造商对现有的中间商销售能力不满意，实施开放政策，有意加强竞争，以增加渠道活力。经销主体有目的地把货销往别的销售区域的窜货现象与低价出货是冲突最常见的方式	某生产企业某层级的渠道成员既有便利店又有折扣店，那么便利店和折扣店间的冲突就属于典型的同一品牌的渠道内部冲突
渠道上下游冲突	许多分销商从自身利益出发，采取直销与分销相结合的方式，不可避免地要从下游经销商处争夺客户，挫伤下游渠道的积极性；下游经销商实力增强后，不甘心目前的等级体系，希望更上一层楼，向上游渠道挑战。给二级经销商供货是渠道上下游冲突的核心，制造商出于产品推广的需要，可能越过一级经销商直接向二级经销商供货，使上下游渠道产生矛盾。在诸多渠道冲突中，最常见的冲突发生在制造商与经销商、经销商与经销商之间。此外，窜货也是渠道运作发生病变比较典型的现象，有必要引起高度重视	某些批发商可能会抱怨生产企业在价格方面控制太紧，留给自己的利润空间太小，而提供的服务（如广告、推销等）太少；零售商对批发商或生产企业也可能存在类似的不满

（3）渠道冲突的解决

渠道冲突的解决步骤见表 4—5。

表 4—5　　渠道冲突的解决步骤

解决步骤	具体方法
渠道冲突的前期防范	1. 做好分销渠道的战略设计和组织工作 2. 做好中间商的选择工作 3. 明确渠道成员之间的角色分工和权力分配 4. 建立渠道成员之间的交流和沟通机制 5. 合理使用渠道权力，防止权力滥用
渠道冲突的后期处理	1. 沟通与调解 2. 仲裁 3. 法律手段 4. 渠道重组
渠道合作——建立伙伴关系	1. 建立双方相互信任的体制 2. 进行双边锁定 3. 建立公平合理的利益分享机制

任务实施

康师傅公司在完善渠道体系、整合渠道资源、优化渠道结构方面可以从以下方面来分析。

一、渠道的宽度和深度决定方便面企业未来的发展规模

经销商的渠道网络是否健全及优质将会决定一个企业在特定的销售区域中的市场主动权，渠道越宽，说明渠道网络越健全；渠道越深，说明渠道网络的能量越大。因此，渠道网络经脉的活络直接决定了区域市场的生机与活力，所以说方便面企业要想在渠道上取得更多的销量，就必须进一步拓展渠道的宽度和长度。

二、注重渠道伙伴二批商的数量及质量

二批商是指从厂家或者经销商处获得产品，在城市一个相对固定的区域推销并配送产品的批发客户。它是直接面对终端推销多家产品同时也不享受厂家独家经销的经销商，在一些地区叫邮差。方便面是属于宽类渠道产品，网点的数量直接决定产品的销量，康师傅方便面之所以销量能一直领先，行业老大的地位无人可以撼动的原因就是康师傅公司特别关注二批商的数量及质量。

三、提高渠道终端网点的优质率

如康师傅公司这类在食品行业里做得非常好的企业，都是凭借先进的营销体系，健全的销售网络，优质而有效的终端零售网点，把中国 90% 的优质销售网点牢牢地控制在自己的手里。因此，方便面企业要想进一步做大做强，就必须提升渠道网点的优质率。

四、注意对渠道的控制

企业要想进一步提升销售额就必须实施产品横向发展及延伸的策略，那就是建立起产品与不同渠道高度复合的价值链体系。也就是说，针对不同的零售业态及渠道，推广不同规格、包装和口味的产品，并且采取不同的销售推广策略去适应不同渠道的销售特性。传统渠道和现代渠道通路的挤压，势必需要康师傅公司不仅要注意到产品延伸与渠道的高度复合，还要从价格和促销方面对渠道进行影响，不断地完善渠道结构，建立一条能够快速响应市场的渠道系统，并对其进行有效的控制。

思考与练习

A 公司产品近几年在医院内同类产品中占有较大的市场份额，于是加大了对一线市场的销售资金投入（促进非处方药物在药店柜台销售）和第三终端销售队伍建设。但是，在非处方药物市场和第三终端市场高速增长的良好销售情况下，原有销售渠道设计和管理远远滞后于产品高速增长所要求匹配的渠道设计和管理，其中最突出的问题是产品在渠道上的市场保护和价格体系有面临崩盘的危险。各办事处为了完成公司下达的销售指标和销售任务，执行公司总部向非处方药物和第三终端市场拓展的战略决策，不分商业层级、经营状况、分销能力状况及对下游终端客户的掌控如何，均建立直接供货业务关系，造成公司一级供货商众多、分布地域广、对商业供货价格不统一等一大堆的市场问题。各办事处商业物流成本居高不下，产品货款风险、呆死账明显增多，给公司带来了极大的市场风险和管理难度。除此以外，还带来了产品在渠道上的混乱，窜货、低价销售公司产品事件层出不穷，给各办事处及所在区域的医药商业带来了不好影响。各办事处所在区域医药商也投诉不断，整个公司产品市场和价格体系秩序混乱。由于某些医药物流商也低价销售公司产品，给其他医药商特别是那些区域性医药批发公司的销售积极性带来很大损害，大家都不愿意销售公司产品，给公司产品销售带来了非常大的负面影响。这种混乱的产品市场销售环境一直持续。

问题：针对上述情况，从产品的销售渠道管理要以符合公司总体销售战略为出发点，为 A 公司设计一份渠道实施方案。

任务2 人员推销

知识目标

- 掌握人员推销的概念及特点
- 掌握人员推销的技巧

能力目标

- 能针对不同的产品，进行人员推销

任务引入

朗科教学设备公司是一家生产教学设备的公司。该公司得知育鹰技工学校要将一批教室改建为多媒体教室，需要购置投影仪等相关设备，并且这只是第一期的需求，学校还将在接下来的时间里陆续将全部教室进行分期改建。朗科教学设备公司的销售部人员在他人介绍下已与育鹰职业学校电教中心负责人有过前期接触，后期需要依靠推销人员上门进行产品的推销和洽谈。能否拿下订单就要看推销人员如何传递推销信息，说服客户购买了。

请思考并解决以下问题。

1. 为了最终商谈成功，朗科教学设备人员在商谈前，应该做哪些准备工作?
2. 推销人员应该采用什么技巧和方法来达到说服育鹰技工学校购买的目的呢?

任务分析

“凡事预则立，不预则废”，知己知彼永远是营销成功的法宝。因此，朗科教学设备公司在上门推销前应利用各种渠道和方法，收集并整理客户的基本情况信息和需求信息，如客户的所有制性质、资信状况、教师数量、采购数量、采购价格、采购决策人等，并在此基础上制订合理的方案。

推销洽谈是推销的中心环节，是推销成败的关键。在与客户正式洽谈时，首先，要在见面之初营造积极友好、和谐融洽的洽谈气氛；其次，洽谈中要运用各种语言及非语言技巧与客户进行充分的交流和沟通，以恰当的方式进行产品报价和产品演示，从而使对方接受自己的产品，达成交易。

相关知识

一、人员推销的概念及特点

1. 人员推销的概念

人员推销是企业运用推销人员向潜在消费者传递有关企业和企业产品的信息，直接说服消费者购买商品和服务的促销方式。

在人员推销活动中，推销人员、推销对象和推销品是三个基本要素，其中前两者是推销活动的主体和客体。推销人员又称为销售代表，如工业企业的推销员、零售企业的售货员、服务行业的服务员。传统的推销仅指商品实体的推销；现代推销则包括商品、劳务之外的企业形象、信誉和经营观念的推销，也就是说现代推销更强调对企业及有关企业产品信息的沟通。人员推销利于企业寻找和培养客户、开拓市场、沟通信息、服务客户。推销人员要调查市场，进行创造性的推销，建立企业的良好信誉和形象，实现企业和客户的双赢。

2. 人员推销的特点

（1）人员推销的优点

基本特点是信息传递的双向性、推销目的的双重性、满足需求的多样性、推销过程的灵活性、推销活动的长期协作性。

人员推销是面对面接触，一方面推销人员需要将企业的信息快、全、准、省地传递给客户，一方面又要尽可能完备地将客户的信息收集起来，反馈给企业。同时，在这个过程中，企业推销产品获得利润，客户购买产品满足需要。面对面接触，可以使双方随机应变，不断调整自己的需求和愿望，相互影响，促进交流。特别是推销人员逐渐从单纯注重销售额到培养双方感情的发展，利于企业形象的塑造和信誉的提高，有利于企业产品潜在市场的开发。

1）信息传递的双向性。在人员推销过程中，一方面，推销人员通过向客户宣传介绍产品有关信息（质量、功能、使用、安装、维修、技术服务、价格等），以达到招徕客户、促进产品销售之目的；另一方面，推销人员通过与客户接触，能及时了解客户对本企业产品或推销品的评价，通过观察和有意识地调查研究，掌握推销品的市场生命周期及市场占有率等情况。

2）推销目的双重性。一重是指激发需求与市场调查相结合，另一重是指推销商品与提供服务相结合。就后者而言，一方面，推销人员施展各种推销技巧，目的是推销商品；另一方面，推销人员与客户直接接触，向客户提供各种服务，是为了帮助客户解决问题，满足客户的需求。

3）推销过程的灵活性。推销人员与客户直接联系，可以通过交谈与观察了解客户，进而根据不同客户的特点和反应，有针对性地调整自己的工作方法，以适应客户，及时发现并解决客户提出的问题。

4）长期协作性。推销人员可以和客户建立长期的客户关系，以增加回头客和潜在客户比例。

（2）人员推销的缺点

1）支出较大，成本较高。由于每个推销人员直接接触的客户有限，销售面窄，特别是在市场范围较大的情况下，人员推销的开支较多。例如，差旅费用提高了产品销售成本，在一定程度上减弱了产品的竞争力。

2）对推销人员的要求较高。人员推销的效果直接决定于推销人员素质的高低，随着科学技术的发展、产品技术含量的提高，对推销人员素质的要求越来越高。

二、人员推销的形式、对象与策略

1. 人员推销的基本形式

（1）上门推销

上门推销是最常见的人员推销形式。它是由推销人员携带产品的样品、说明书和订单等走访客户，推销产品。这种推销形式，可以针对客户的需要提供有效的服务，方便客户，因此被客户广泛认可和接受。此种形式是一种积极主动的、名副其实的推销形式。

（2）柜台推销

柜台推销又称门市推销，是指企业在适当地点设置固定的门市，由营业员接待进入门市的客户推销产品。门市的营业员是广义的推销人员。柜台推销与上门推销正好相反，它是等客上门式的推销方式。

（3）会议推销

会议推销指的是利用各种会议向与会人员宣传和介绍产品，开展推销活动。例如，展销会上企业赠送给与会者的各种赠品、宣传册。

2. 人员推销的推销对象

推销对象是人员推销活动中接受推销的主体，是推销人员说服的对象。推销对象有消费者、生产用户和中间商三类，即向消费者推销、向生产用户推销、向中间商推销。

3. 人员推销的基本策略

（1）试探性策略

试探性策略也称“刺激—反应”策略。这种策略是在不了解客户的情况下，推销人员运用刺激性手段引发客户产生购买行为的策略。推销人员事先设计好能引起客户兴趣、能刺激客户购买欲望的推销语言，通过渗透性交谈进行刺激，在交谈中观察客户的反应。然后根据其反应采取相应的对策，并选用得体的语言，再对客户进行刺激，进一步观察客户的反应，以了解客户的真实需要，诱发购买动机，引导产生购买行为。

（2）针对性策略

针对性策略是指推销人员在基本了解客户某些情况的前提下，有针对性地对客户进行宣传、介绍，以引起客户的兴趣和好感，从而达到成交的目的。因推销人员常常在事前已根据客户的有关情况设计好推销语言，这与医生对患者诊断后开处方类似，故又称针对性策略为“配方—成交”策略。

（3）诱导性策略

诱导性策略是指推销人员运用能激起客户某种需求的说服方法，诱发引导客户产生购买行为。这种策略是一种创造性推销策略，它对推销人员要求较高，要求推销人员能因势利导，诱发、唤起客户的需求，能不失时机地宣传介绍和推荐所推销的产品，以满足客户对产品的需求。因此，从这个意义上说，诱导性策略也可称为“诱发—满足”策略。

三、人员推销技巧

1. 上门推销技巧

（1）找好上门对象。可以通过商业性资料手册或公共广告媒体寻找重要线索，也可以到商场、门市部等商业网点寻找客户名称、地址、电话等。

（2）做好上门推销前的准备工作，尤其要对消费市场的发展状况和产品、服务的内容材料十分熟悉、充分了解并牢记，以便推销时有问必答，同时对客户的基本情况和要求应有一定的了解。

（3）掌握“开门”的方法，即要选好上门时间，以免吃“闭门羹”。可以采用电话、传真、电子邮件等手段事先交谈或传送文字资料给对方，并预约面谈的时间、地点；也可以采用请熟人引见、名片开道、与对方有关人员交朋友等策略，赢得客户的欢迎。

（4）把握适当的成交时机。应善于体察客户的情绪，在给客户留下好感和信任时，抓住时机发起“进攻”，争取签约成交。

（5）学会推销的谈话艺术。

2. 洽谈艺术

首先注意自己的仪表和服饰打扮，给客户一个良好的印象，同时，言行举止要文明、懂礼貌、有修养，做到稳重而不呆板、活泼而不轻浮、谦逊而不自卑、直率而不鲁莽、敏捷而不冒失。在开始洽谈时，推销人员应巧妙地把谈话转入正题，做到自然、轻松、适时。可以从关心、赞誉、请教、探讨等方式入题，顺利地提出洽谈的内容，以引起客户的注意和兴趣。在洽谈过程中，推销人员应谦虚谨言，注意让客户多说话，认真倾听，表示关注与有兴趣，并做出积极的反应。遇到障碍时，要细心分析，耐心说服，排除疑虑，争取推销成功。在交谈中，语言要客观、全面，既要说明优点所在，又要如实反映缺点，切忌高谈阔论、“王婆卖瓜”，让客户反感或不信任。洽谈成功后，推销人员切忌匆忙离去，这样做，会让对方误以为上当受骗了，从而使客户反悔违约。应该用友好的态度和巧妙的方法祝贺客户做了一笔好生意，并指导对方关注合约中的重要细节和其他一些注意事项。

3. 排除推销障碍的技巧

（1）排除客户异议障碍

若发现客户欲言又止，自己应主动少说话，直截了当地请对方充分发表意见，以自由问答的方式真诚地与客户交换意见。对于一时难以纠正的偏见，可将话题转移。对恶意的反对意见，可以“装聋作哑”。

（2）排除价格障碍

当客户认为价格偏高时，应充分介绍和展示产品、服务的特色和价值，使客户感到物有所值；当客户认为价格偏低时，应介绍定价低的原因，让客户感到物美价廉。

（3）排除习惯势力障碍

实事求是地介绍客户不熟悉的产品或服务，并将其与他们已熟悉的产品或服务相比较，让客户乐于接受新的消费观念。

四、人员推销的任务

1. 寻找新客户，开辟新客户市场

重要的是寻找和发现潜在客户，吸引新的客户，开拓新的市场，提高市场占有率。

2. 向客户传递信息

要善于向现实的和潜在的客户传递产品与服务信息，努力提高产品与服务在客户中的知名度。

3. 推销产品，提供服务

灵活运用各种推销方法，达到销售产品与服务的目的。

4. 从事市场调查，收集信息

推销人员直接接触客户，能够及时收集他们的意见、要求和建议以及竞争对手的情况和市场的新动向。同时，推销人员要及时将收集到的信息向本企业决策层做汇报。

5. 对产品或服务进行协调平衡，调剂余缺

推销人员要密切配合内部管理的协调工作，使产品或服务平衡有序，避免资源浪费，以适应市场的变化。

五、人员推销的工作步骤

1. 确定客户来源

潜在的销售来自有可能购买企业商品或服务的个人及组织。这些具有销售潜力的对象，必然能从商品中获益，并且在经济上也具备购买能力，有足够的力量影响购买的决定。一旦这类客户层被确定下来，便可以开始销售。

这类潜在客户来源于以下渠道：广告、报纸、杂志、名录、展览、会议等的相关信

息，主动上门咨询的客户，非竞争对象的销售人员，以前的同事或同学（通过人际关系建立）。

2. 联系见面，约定时间

进行联系接洽，与目标客户见面，并传达、展示销售计划。需事先了解该向谁联络及约定时间，例行公事般地打电话给对方并不恰当，也不亲切，更可能找错对象。第一印象对建立合作的希望非常重要。专业的方式包括向客户提到与商品有关的信息、知识，事先详细了解客户的需求，具备社交技巧。

3. 尊重客户，并安排好见面时间

销售开始必须尊重客户忙碌的事实，因此，在首次见面时，要把握时间进行展示或说明，不浪费对方的宝贵时间。一旦销售人员与客户建立了初步关系，可着手安排进一步的小型会谈。另外，初次会面所谈的内容必须与本次销售目标有关。

4. 确定客户需求

在此过程中，销售人员需要有效率地提出问题，借此了解、确定客户的需要。一旦询问方向正确的问题后，客户将开始叙述其需求，销售人员必须掌握这些需求，以进一步询问更多的问题，进而鼓励客户说出其直接的需要。

5. 展示商品

商品展示的目的是为了取得注意或激发兴趣，使客户对商品或服务产生需求。展示时，能使客户了解是否可满足其需要，甚至可借展示来说明或强调问题焦点，而任何的反对意见亦可有所回应。更重要的是，可直接促使客户购买。掌握客户兴趣的方式很多，如称赞、引发其兴趣，或是向其提出问题。例如，让客户触摸服装是特别重要的，许多客户借此可很快地评估商品的品质，并了解布料的手感及特性。此外，还可建立销售人员与客户两者的相互信任。若提供免费的服务，如协助陈列、定价、存货管理，也有助于掌握对方的兴趣。采用展示商品的模式称为 FAB（Features，Advantages and Benefits），即展示商品的特色、优点、益处。

6. 处理异议

处理异议是成功销售的基础。异议主要包括下列情形：需求异议、财力异议、权利异议、产品异议、资源异议、推销人员异议和购买时间异议等。既然异议有可能发生，销售人员应在展示前思考各种可引起异议的原因。处理异议的方式很多，包括态度良好、精神焕发地聆听并谨慎提出问题。销售人员不应对客户异议产生厌烦心理，因为较好处理对方的异议或解决问题可带来另一次销售机会。

7. 完成销售

在结束向客户的销售之前，必须确定下列项目已执行。

（1）目标是否已达到。

（2）确认买卖双方皆无任何认知上的错误或误会。

（3）确定统计及技术上的资料正确无误。

（4）记录资料并对客户的赞成或同意观点表示回应。

（5）检查所有文件。

（6）向客户说明益处。

8. 售后服务

售后服务是非常重要的一个步骤，完成销售后，需以电话或拜访的方式追踪并确定客户的订货已送达，且无任何问题产生。若有问题，必须立即处理解决，因为它对客户未来的下单意愿影响极大。况且，满意的客户在业界传开的正面肯定与推荐，可增加企业的信誉。

任务实施

一、推销前的准备

1. 收集信息

通过调查了解到，育鹰技工学校是全额拨款的事业单位，有 20 多年的办学历史，为当地经济建设培养了大批的技术人才，在职业教育界取得了不菲的成绩和众多的荣誉。学校现有近 6 000 名在校学生，20 间多媒体教室，65 间普通教室。为了加快校园信息化建设，提高现代化教学水平，学校准备在三年内分期分批地改造大部分教室为多媒体教室。通过学校有关人员得知，此次将采购 20 套投影仪及相关设备，每套价格一万元左右。有最终决策权的主管领导是负责后勤的副校长和负责具体采购事务的后勤部主任，二者对采购都富有经验。学校以前的电教设备是向惠普仪器设备公司采购的，但该公司产品并不是完全以针对学校教学为主的，且价格较高，与其相比，朗科教学设备公司是有竞争优势的。

2. 制订洽谈方案

朗科教学设备公司营销人员根据前期收集到的信息，制订洽谈方案，包括确定洽谈的不同目标，以便根据洽谈进展情况随时调整；确定洽谈内容，如介绍哪种型号的投影仪，确定报价方式，有多大的让步空间；确定结算方式以及安装、调试、维修等售后服务事项；选择谈判人员，由哪些人员组成，谁来主谈，谁来辅谈等。具体方案见表 4—6。

表 4—6　　针对育鹰技工学校采购投影仪设备的具体洽谈方案

洽谈目的	以合适的价格，向育鹰技工学校销售 20 套令其满意的投影仪设备	
洽谈目标	最优目标	以理想的价格销售 20 套投影仪给育鹰技工学校，并能建立长期合作关系，成为其日后的设备提供商
	可接受的目标	以优惠的价格销售 20 套投影仪给育鹰技工学校
	最低目标	以微利的价格销售，但力求争取到该客户，为以后能有合作机会打下基础
洽谈主题	介绍公司现有产品情况，重点介绍 A、B、C、D 四种型号的投影仪，在比较同类竞争产品后进行报价，确定 10%的价格让步空间，可同意购买方分期付款	
洽谈人员	主谈人：销售部王洪（负责产品特点等内容的介绍，并负责价格谈判和产品展示） 辅谈人：技术部李想（负责对产品的有关技术问题进行说明和解答） 售后部张辉（负责对安装、调试、维修等售后服务事项进行解答）	
洽谈地点	选择客场洽谈，在育鹰技工学校进行洽谈，以方便校方人员	

二、推销洽谈的实施

1. 营造和谐的洽谈气氛

朗科教学设备公司的洽谈人员携带推销资料，衣着整洁得体，在约定的时间前几分钟来到了育鹰技工学校。在与校方负责洽谈的人员见面时，双方人员握手寒暄，互相介绍。然后从学校优美的校园环境及教学取得的成绩谈起，使得洽谈在轻松愉快的气氛中展开（营造和谐的气氛），并且提到愿为学校发展做出贡献，自然引出了洽谈的议题。

2. 推销洽谈的实施

“这次来贵校，想请教一下学校对投影仪设备采购的具体要求有哪些？”朗科教学设备公司洽谈人员首先从询问客户的需求入手展开洽谈（适时提出问题），可以借此更进一步了解客户的需求信息。

在校方介绍的过程中，朗科教学设备公司人员非常认真地倾听，并将重点记下来（倾听技巧），同时进行适时追问。之后销售人员说：“我公司作为教学设备公司，主要的服务对象就是各类学校，根据贵校的情况，我们选了 A、B、C、D 这四种型号的投影仪，请看这是产品的图册和配件清单及技术参数……”

当注意到校方人员对 B 型投影仪比较关注时，销售人员介绍说：“B 型投影仪的特点就是启动速度快，全自动信号源找寻，断电自动保护，而且采用了最先进的光感应技术，使用时不用关闭电灯，让投影仪自动感应室内灯光，并自动调整亮度及颜色以呈现最佳画面，这些都会方便老师上课时使用，很多学校使用后反映都不错。”

校方人员听了这些介绍后点头，这时，销售部王洪进行报价，之后公司技术部李想详细回答了校方关于技术方面的问题，售后部张辉也对安装、调试、维修等事宜进行了介绍。

3. 现场展示

公司洽谈人员将带来的多媒体设备进行了现场展示（推销洽谈中的演示），共展示了多媒体硬件系统、多媒体操作系统、媒体处理系统工具和用户应用软件四部分。并请校方参与洽谈的领导、有关人员亲自操作，体验公司产品。学校领导经过综合考虑，认为朗科教学设备公司的B型投影仪能够满足学校多媒体教室的改建目的，并且价格优惠，产品质量良好，所以决定前期订购10套，配备10间教室，并指出，如果运转良好，使用方便，会考虑下次大量订购。

思考与练习

一家鼓风机企业的推销员小李到上海一家企业去推销产品，几次约见这家企业的厂长都没成功，始终没有机会与该厂长接触。后来小李通过该厂长的一个钓友得知其爱好钓鱼，他便买来渔具学习钓鱼。之后，通过钓鱼，小李成了该厂长所在钓鱼圈的一员，与该厂长接触的次数多了，他便通过适当的机会进行产品推销，很快促成了销售。

问题：

1. 小李通过收集哪些资料，接近了准客户，最后促成了销售？
2. 你还可以想到什么方法帮助小李接近准客户？

任务3 广告宣传

知识目标

➢ 掌握广告的定义与类型

➢ 熟悉广告计划制订的内容与程序

能力目标

➢ 能完成广告计划的制订与实施

➢ 能撰写广告计划书

任务引入

得利房地产公司是一家发展势头强劲且具有雄厚资产的开发商，该公司近期通过招商引资开发了位于A市的第一个具有外资背景的房产项目——“闻书香”。A市是一座中小型城市，虽然人口有限，但经济持续增长且多年来楼市蓬勃发展。“闻书香”楼盘位于距离这个城市的市中心30分钟车程的城郊，这个区域是近年来发展起来的住宅区，交通便利。“闻书香”楼盘定位为中高档景观房产，总占地面积200余亩，在A市属于规模较大的楼盘，而且其智能化系统在本地也比较先进。之所以称之为“景观房产”，也是因为该楼盘具有独特的景观生态环境，并且楼盘布局遵循自然生态法则，轮廓线错落有致，但建筑类型显得繁杂。在“闻书香”楼盘所在地区，有其他竞争楼盘，尤其是“紫烟皓景”，建筑风格统一和谐，对“闻书香”楼盘构成了一定的威胁。“闻书香”楼盘紧邻A市一所高等学院，周边区域也将是该市未来的大型学区，人文气息较浓厚，所以“聆天籁之音，闻学院书香”成为该楼盘的居住理念。“闻书香”市场推广的总费用应该控制在总销售额的1.5%左右比较合适，媒体的费用依据行情进行估算。

请思考并解决以下问题。

根据得利房地产公司目前的情况，着眼于“闻书香”楼盘，向目标市场进行“闻书香”楼盘的广告宣传，制作一份“闻书香”楼盘的销售广告计划书。

任务分析

本任务是在对渠道实施和人员推销管理和控制的基础上，结合企业整体营销目标，通过广告宣传达到预期目标——利润最大化。

成功的广告，在于积极地利用有针对性的元素，把广告所需传播的信息进行加强，传递给消费者，从而引起消费者的注意，使消费者对产品产生兴趣，进而刺激消费者的欲望，促其产生购买行为。一个完善的广告计划可以帮助消费者厘清思路，方便管理，甚至控制预算。

广告计划是广告主（发布广告企业）制订的广告投放计划，包含广告投放的许多细节，一般从广告预算、广告目标、广告主题、广告创意策略、媒体选择及日程表与各种促销的配合等方面进行分析。

相关知识

一、广告的基础知识

1. 广告的概念

广告是为了某种特定的需要，通过一定形式的媒体，公开而广泛地向公众传递信息的宣传手段。一般通过报刊、电视、广播、招贴、互联网等形式进行。在广告活动中，广告主和广告商是广告的传播者，而接触广告的受众则是广告传播的受众。广告信息通过媒体传播给受众，并对他们产生不同程度的作用的过程，就是一个完整的传播过程。广告有广义和狭义之分。广义广告包括非经济广告和经济广告。非经济广告指不以营利为目的的广告，如政府行政部门、社会事业单位乃至个人的各种公告、启事、声明等。狭义广告仅指经济广告，又称商业广告，是指以营利为目的的广告，通常是商品生产者、经营者和消费者之间沟通信息的重要手段，或企业占领市场、推销产品和服务的重要形式。在现实生活中，绝大多数人所理解的广告实为经济广告。

2. 广告的宣传方式

许多人都有这样的生活经历：生病求医，医生开出的中药处方中有时会有一些被我们称为“药引子”的药物。这些药引子本身对治疗疾病并没有什么作用，但它可以将那些具有疗效的药物引导到人体中最适合的位置，使其发挥出最佳的疗效。相反，如果没有这些“药引子”，其他药物的疗效就会大大地降低。在广告策略中，广告媒体的作用就相当于这些“药引子”。

七种常见的广告宣传方式及其优劣势比较见表4—7。

表4—7　七种常见的广告宣传方式及其优劣势比较

广告宣传方式	优势	劣势
电视传媒广告	最具实力的传播媒体： 1. 视听兼备，有完善的介绍、演示功能，内容详细易懂，偏向感性，容易被观众理解 2. 信息传播有强制性，观众选择权相对报纸杂志要小得多，如同广播也是依时间线性传播，但由于电视巨大的社会影响力，使得同一时间会有很多人关注同一内容，如重大体育赛事、社会活动、国际会议等 3. 信息传播快，覆盖广，容量大 4. 从大众传播媒体的“传播信息，引导舆论，教育大众，提供娱乐”四大功能来看，电视无疑是功能最完备的大众传媒，特别是其娱乐资讯，可谓精彩纷呈、形式多样、丰富全面，对各类社会人群都有较大影响力 5. 植入式广告是一种强迫性的广告收看。产品或者品牌在剧中随着人物、背景或者情节出现，观众只要看节目，就必然会或多或少地看到其中的广告	电视广告制作复杂，且投放费用巨大，非一般企业所能承受。实际上，由于种种原因导致电视广告播放时间短暂，信息量有限，重复率低，很多广告主抱怨投放在电视上的大笔费用并未收到预期的效果。在实际广告活动中，电视媒体的性价比并不是很高。例如，宝洁公司怀疑传统电视广告的作用，连续几年削减电视广告开支。当然，植入式广告正在弥补这一缺陷
报纸传媒广告	1. 具有非强制性传播的特点，读者有较大的主动性和选择权，因而读者会愿意自觉深入了解所关心的信息 2. 可信度高 3. 从广告主的角度看，报纸媒体投入形式灵活多样，能灵活地配合各种促销宣传活动	1. 平面静态方式表现的传播媒体，对消费者的文化水平有一定要求，能过滤掉一部分社会群体，内容偏向理性，但整体表现能力不高（尤其是对图片的表现能力） 2. 时效性差，并且同一版面有多个广告同时呈现，相互之间有较强干扰度
户外传媒广告：路牌、灯箱、车体、霓虹灯等	1. 具有明显的地域性，覆盖面小，传达的受众数量有限 2. 好的路牌广告视觉冲击力强，能达到令人过目不忘的效果，是其他媒体都无法相比的	较难被目标群注意，并且传递的信息量有限，实际沟通能力不强，一般做品牌的提示性广告

续表

广告宣传方式	优势	劣势
售点传媒广告：海报、导购牌、展牌、展柜等	1. 能与产品同时呈现在消费者面前，广告主有很高的自主性，使得售点广告形式多样、内容丰富、制作精美，对感性消费群体有较大影响力 2. 有些售点广告与产品包装整合，对销售有很好的促进作用，诉求明确，易被受众认知和喜爱，特别是消费者在做低投入度产品的选购时效果尤为显著 3. 能紧密配合各种现场促销活动，实用性强 4. 由于其成本低廉，效果显著，近年来越来越被商家重视，发展迅猛	但当售点广告数量较多时，如管理不善，易造成混乱，给消费者留下不好的印象
广播传媒广告	1. 是一种简便快捷的信息传播手段，在所有媒体中唯一能伴随其他生产活动同时进行的“一心二用”沟通方式，不影响人的正常工作，在农民、学生、工人、驾驶员中有较大占有率，有较好的亲和力，其信息不易被人抵触 2. 时效性强，内容分时段分栏目，机动灵活，有很强的针对性，并在传播过程中能与听众实时互动交流，产生立竿见影的效果 3. 信息较为感性，适合做低投入度产品的广告宣传，能较好感染听众情绪，甚至达到煽情的效果，并能留给听众广阔的想象空间	广播信息依时间线性传播，稍纵即逝，保存性差，听众难以重复认知
互联网等新型广告发布载体	1. 网络媒体集中了影像、声音、文本等多种媒介形式，真正实现了多媒体全方位信息传播 2. 互动性。指信息发布者与受众可以交互沟通，甚至是实时交流 3. 小众传播。针对某一群体或个体可进行个性化信息配置，如电子邮件广告等 4. 网络媒体能超越国家、文化、地域的限制，进行全球信息传播 5. 容量大。内容丰富多彩 6. 速度快。网络信息能实现全球实时发布和接收	1. 定向成本昂贵 2. 下载速度较慢 3. 广告发布位置也许不当 4. 安全与隐私方面的顾虑 5. 全球性营销局限

续表

广告宣传方式	优势	劣势
直投广告（DM 广告，DM 是英文 Direct Mail Advertising 的省略表述，直译为“直接邮寄广告”，即通过邮寄、赠送等形式，将宣传品送到消费者手中、家里或公司所在地）	1. 直投广告直接将广告信息传递给真正的受众，具有强烈的选择性和针对性 2. 广告持续时间长。在受众者作出最后决定之前，可以反复翻阅直投广告信息，并以此作为参照物来详尽了解产品的各项性能指标 3. 具有较强的灵活性。广告主可以根据自身具体情况来任意选择版面大小并自行确定广告信息的长短及选择全色或单色的印刷形式 4. 具有隐蔽性。直投广告是一种潜移默化的非轰动性广告，不易引起竞争对手的察觉和重视	1. 成本高 2. 投递不方便 3. 缺少内容支持 4. 针对性不强 5. 无法探知消费者的需求 6. 不利于环境保护

图 4—5 至图 4—9 分别所示的就是表 4—7 中提到的报纸传媒广告、户外传媒广告、售点传媒广告、互联网广告和直投广告。

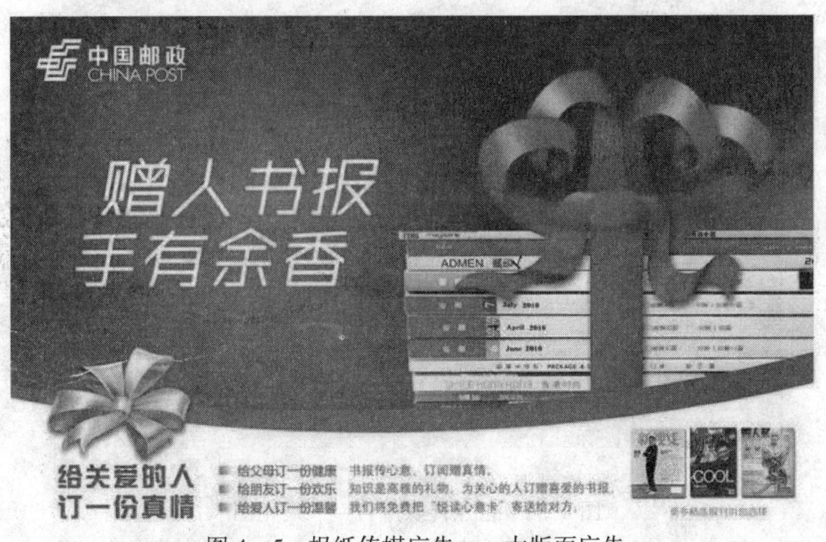

图 4—5　报纸传媒广告——大版面广告

广告媒体对于广告的作用，一是作为广告信息的载体和传播渠道，决定了其所能到达的客户群即覆盖面以及其传播效果；二是在很大程度上决定了广告经费开支的大小。当然，随着新媒介的不断增加，依媒介划分的广告宣传方式也会越来越多。企业为了更好地利用各类广告媒体的不同组合达到预期的目标，会对整个广告活动进行计划。计划的主要内容包括广告活动的战略思路和战术实施方案、具体操作步骤、相关背景和影响因素等。这些内容最后都以书面形式呈现出来，也就是广告计划书是企业能否实现广告

图 4—6　路牌广告

图 4—7　售点传媒广告——展柜图

图 4—8　互联网广告

图 4—9　直投广告

目标的关键。

二、广告计划的制订

企业的广告计划是企业对于即将进行的广告活动的规划，它是从企业的营销计划中分离出来，并根据企业组织的生产与经营目标、营销策略和促销手段而制定的广告目标体系。广告计划主要包括如下几个方面。

1. 广告营销目标

（1）根据调研分析提出广告应在本计划期内达到什么目标。

（2）广告目标与企业整体营销目标的关系。

（3）在广告目标中最重要的是哪些内容。

2. 情况分析

（1）产品或品牌的历史分析

1）本产品或品牌的背景。

2）过去的广告预算

3）过去的广告主题。

4）过去的媒体使用及费用支付情况。

5）专利权或技术上的历史情况。

6）政治上或法律上的重大影响。

7）目前在广告中或推广上所使用的创意主题。

8）目前本品牌所面临的问题与机会。

9）在未来的计划期间可能影响本产品或品牌的事件或各种活动。

10）从营销计划中得到的有关资料可能有助于了解广告计划为什么要这样做的原因。

（2）产品评估

1）以特点、成分、用途、消费者接受率与竞争者进行比较时，本产品在竞争上结果会如何。

2）在过去的几年中，本产品有什么增加或改进、删除或放弃，有哪些新用途、新市场等。

3）消费者对本产品的看法、评价与意见。

4）以什么样的价值观判断本产品的状况。

5）已经购买的消费者的满意状况。

6）消费者购买产品是否方便，配销情况如何。

7）中间商及零售商对产品的看法及意见。

8）包装及产品识别系统怎样。

9）本产品及品牌知名度。

10）如何提供本产品，售后服务情况如何。

11）消费者一般会对本产品提出怎样的问题，这些问题的重要程度如何，能否及时改正。

12）本产品在竞争中的特点。

（3）消费者评估

1）消费者在人口统计方面的基本情况，如职业、婚姻状况、种族、教育、年龄、家庭收入、家庭人口、社会阶层、地点分布、地理区域、所处经济地区等。

2）消费者心理特点情况。

3）目前消费者的行为状况。如关于消费的信息，本产品的使用特点、使用频次；对产品品质、价格、包装、型号、品牌声誉的看法；本产品目前主要解决了消费者哪方面的问题，是否发生品牌转移，本品牌的最佳潜在客户是哪些等。

（4）竞争分析

1）主要竞争者和间接竞争者。

2）目前使用的广告在竞争上的优势与劣势。

3）目前及过去竞争的广告主题。

4）竞争者的包装设计及品牌命名的长处与弱点。

5）过去竞争的广告及促销活动的支出情况。

6）对竞争者费用支出效果情况的调查。

7）同行业中对竞争广告或推广计划活动的接受度及所受到的影响。

8）在竞争计划活动中的各种明显弱点。

9）竞争性的支出在哪些地区有集中投入的现象。

10）竞争对批发、零售等同行及消费者的影响等。

3. 广告预算

广告目标与广告预算直接相关。预算限制了广告能做什么，做到什么程度。广告预算应能保证广告目标顺利完成。

4. 广告建议事项

（1）目标市场

确认广告将针对的目标市场。此部分要依一般性的人口统计因素与心理描绘图来概述目标市场，确定潜在客户，提出选择这类以社会公众为目标市场的缘由。

（2）广告传播目的

明确广告传播想要达到的目的。

1）最主要的事实，通常用一两句话来表述。

2）主要的营销问题，可略作分述。

3）传播目的，用一两句话概括即可。

（3）执行制作

可以采用以下各类活动完成创意策略。

1）拟为印刷媒体采用的文案及版面设计。

2）广播脚本和电视广告情节版。

3）主题词的表述及美工表现。

4）包装设计、插图等。

5）宣传册、纪念册的布局与设计及各类广告特制品。

6）户外广告牌的设计。

（4）广告计划

具体包括：概述广告具体做法的细节或各种特殊情况的细节；详细解释选择或进行此类广告活动的理由；提出一个具体的时间安排表和媒体日程表等，使广告主及其他决策者迅速、全面地了解广告计划。

5. 对媒体的推荐

（1）媒体最主要的问题

列举出所做媒体计划的主要问题，以确保公司及品牌信息达到目标市场的要求。

（2）媒体目的

要以定量化的资料揭示或证明制订媒体计划的明确目标。

（3）媒体策略

列示出所提议的每一种媒体，然后证明为什么做此项推荐。

（4）媒体计划

要求在本部分把媒体建议中的特定内容进行详细阐述。

6. 促销措施

广告是促销的一个有力手段，它的终极目的是为广告主完成营销目标服务。因此，没有销售力的广告就不是好广告。

促销措施主要包括：广告与促销配合能够达到的共同效果分析，对目标市场的广告与各种促销措施的配合及日程安排，对竞争者的广告与促销措施的配合及日程安排。

任务实施

根据得利房地产公司目前的情况，着眼于“闻书香”楼盘，向目标市场进行“闻书香”楼盘的广告宣传，具体的“闻书香”楼盘的销售广告计划书可结合第二部分中广告计划书的具体内容来制订。

一、广告营销目标

1. 树立楼盘销售形象，对市场客户及潜在客户传播销售信息。

2. 保证楼盘销售顺利进行；配合当年全年度的项目开发，并实现预期的销售目标。

3. 树立得利房地产公司的企业形象及“闻书香”项目的楼牌形象，强化本案“聆天籁之音，闻学院书香”的居住理念。

二、情况分析

具体分析可以从产品或品牌的历史分析、产品评估、消费者评估、竞争分析等方面来进行，见表4—8。

表4—8　产品或品牌的优劣势比较（项目SWOT分析）

优势	劣势
得利房地产公司是一家发展势头强劲且资产雄厚的开发商。本案是A市房地产业招商引资引进的第一个具有外资背景的房产项目	虽然开发商拥有雄厚的经济实力，但品牌的建立还需要一个逐渐被市场认同的过程，同时开发商的知名度与信誉度都还有待加强。这一问题在推广过程中，应该引起充分重视，合理引导并加以解决

续表

优势	劣势
本楼盘定位为中高档景观房产，区域升值潜力与发展潜力较大；独具珍稀的景观生态优势，天际线优美。居住者既能享受山水，又能随时步入都市，享受都市生活的便捷，这在一定程度上为本楼盘的推广起到了促进作用	虽然重新规划后的建筑单体及户型已得到有效改善，但项目的总体规划基本没有改变，项目内不同品位的建筑类型融合在一起，建筑形态仍显得繁杂，在一定程度上会影响到本楼盘形象推广的统一性
本楼盘位于距离这个城市的市中心30分钟车程的城郊，交通便利，紧邻高等学院，周边区域也将是A市未来的大型学区，文化氛围浓厚，人文气息可以说是本楼盘较大的卖点之一，良好的景观设置和深厚的文化内涵是将来商品房住宅的两大重要优势	本楼盘所处区域在当地人看来离市区稍远
机会	**威胁**
近年来，A市经济持续增长，房地产市场经过一段时间的发展，已经进入了一个较为成熟的阶段，同时消费群体在市场的引导下已经成熟，这为本楼盘创造了一个有利的推广时机	A市面积不大，人口有限，且多年来该市房地产市场的蓬勃发展已经消化了部分消费力，增大了本楼盘的市场推广及销售风险。在推广过程中，应当充分挖掘本楼盘的潜在市场，小步快走，充分利用现在该市良好的市场机会，加快本楼盘的开发进程，尽可能规避市场风险
"闻书香"楼盘距市中心30分钟车程，具有可挖掘的周边市场，可进一步扩大本楼盘推广外延，广泛传播本楼盘形象	作为A市郊区的楼盘，本楼盘所处区域要形成一个成熟的住宅区域还需要一定的时间，消费者对该地块也需要有一个认同的过程
A市正在进一步拓宽城市空间，经济发展和城区面积的扩大促进A市正在向一个现代"大城市"的方向发展，这对本楼盘是一个利好	
本楼盘在A市属于大规模景观楼盘，具有不可多得的秀美景致与规模优势，成就了本楼盘在该市独一无二的卓越品质	本楼盘对面有"紫烟皓景"等其他竞争楼盘，且"紫烟皓景"建筑形态统一和谐，与本楼盘众多建筑形态融合的特点形成鲜明的对比，对本楼盘构成了一定的竞争压力

三、广告预算

根据本项目的广告策略，整个项目开发和市场推广的总费用应该控制在总销售额的1.5%左右。如果房地产市场发生较长时间持续的低迷状态，则本案总的广告预算将做相应的追加调整。

以下是部分常规媒体的估算费用，部分的媒体费用会有相应的出入。见表4—9。

表 4—9　部分常规媒体的估算费用

广告类别	媒介细分	广告次数	广告费用	总计
媒体广告	户外广告牌	20 米×10 米×2 块	15 万元/年/块	30 万元
	灯箱广告	38 对	4 000 元/对	152 000 元
	《A 市日报》	(4 次整版、4 次半版)共 8 次	16 万元/整版	90 万元
	《A 市晚报》	(4 次整版、4 次半版)共 8 次	16 万元/整版	90 万元
	夹报	3 次	20 000 元/次	60 000 元

其他费用，如看房车、现场看板制作、现场墙体喷绘、售楼部租金及装潢、开盘庆典、房交会、网站虚拟主机的租金及域名注册和运作的事宜、机动费用等视实际情况而定，这里不再展开分析。

四、广告建议事项

1. 目标市场

经过严谨的市场调研与分析，本案目标市场具体见表 4—10。

表 4—10　目标市场划分

第一目标市场	A 市本地(包括 A 市城区和 A 市郊县城镇)
第二目标市场	A 市周边地区(如具有潜在购买力的地区)

2. 目标消费群定位

目标消费群划分具体见表 4—11。

表 4—11　目标消费群划分

按购房动机	居住者
	投资者
按地理位置	A 市本地人及在 A 市工作的外地人
	周边地区，想将本楼盘作为第二居所的人士

3. 广告传播目的

通过切实、有效的广告安排，合理安排广告频率和费用，重点彰显楼盘特点，提高本楼盘的知名度与美誉度，支持本项目的销售工作。

4. 执行广告计划

本年度广告排期以多梯队、多层次为主开展推广活动，即依据市场销售情况及销售周期采取各阶段不同的广告活动，既可以使受众掌握的信息更为全面透彻，也能节省一定的广告费用。鉴于本楼盘大型景观住宅的定位，在本年度内建议广告分期由导入期至持续期，广告活动时间安排见表 4—12。

表 4—12　　广告活动时间安排

阶段	日期	媒介	运用	广告主题
导入期	三月中旬到七月中旬	户外大型广告牌	设置于 A 市市区主干道上,此处交通流量大。建议尺寸在 20 米×10 米	大型户外看板的设置是大区域明显的引导广告
		现场看板	在工地搭设大型看板	营造现场气势及销售气氛。同时也是作为项目的标志性建筑,表征着项目的客观存在
		墙体广告	在工地现场设置墙体广告,依据现场实际情况进行尺寸设置	推广楼盘和企业形象,吸引周围群众注意
		报纸广告	在《A 市日报》上发布广告,广告形式以软新闻方式为主,开工奠基建议以整版平面报纸广告的形式实施	使受众对本楼盘有一个基本的了解
		灯箱广告	在环城北路的主干道两旁,每 50 米设置一对。共 38 对	
		道旗制作	沿市主干道布置道旗	强化企业形象及楼盘形象的宣传
		接待中心	售楼处及样板房设计布置完成,营销道具(包括看房车、售楼处横幅、售楼处广告牌、楼书的印制、内部展板及挂旗)准备完毕	预告开盘日期
公开期(导入期后一周左右)	七月底到十月中旬	报纸广告	主要以《A 市日报》为主,时间配合项目的开发进程来实施	以夹报形式进行推广,加深受众印象
		夹报	每个月一次	
		电视媒体	该市电视台专题报道,开盘电视新闻	
强销期(公开期后一周左右)	十月底到春节前后	报纸广告	整合公开期报纸媒介投放策略。每月两次投放报纸广告,时间仍以每周三、四为主	
		广播	在该市主要广播媒体上投放广告,时间段选择在早晨及晚上八点左右,因为此时段听众较多,传播面可以扩大	
		电视媒体	本市电视台专题报道	
		海报	定点定区域发送关于楼盘信息的海报	对诉求对象做密集"轰炸",扩大影响面
持续期	十一月中旬	报纸广告	在报纸媒体上每半月投放一次广告	
		电视媒体	A 市电视台专题报道	

五、对媒体的推荐

主要从媒体最主要的问题、媒体目的、媒体策略和媒体计划来进行分析。

1. 报纸

报纸流通性大、时效性强，阅读群体广泛且具有相当的说服力；以软广告形式进行的新闻炒作和以硬广告形式出现的系列广告，都可以在报纸媒体上发表，从而达到广泛推广的目的。但因其保存时间短、质量不高，对于本楼盘形象的宣传和推广在一定程度上缺少稳定性与统一性。因此，报纸广告在本楼盘的市场推广中不做最主要的传播媒体来选择，一般是在楼盘开发的关键节点时间才采用报纸广告。

2. 广播

广播受众面广泛，制作简单，投入成本低，但广播信息不易保留，传播的信息量也不可能很大，但还是能够起到宣传推广的作用，在该市建议视具体情况选择广播的推广方式。

3. 电视

电视观赏性强，视听冲击力大，具有强大的影响力，传播信息广泛，是最易吸引受众的推广方式。不足之处在于费用较高，目标受众的可选择性较弱。

4. 互联网

互联网覆盖面广，成本较低，制作精美。现在互联网已经普及，建议采用网络媒体的形式作为重要的推广工具。

5. 户外广告

户外广告传播面广，费用较低，持久性强，且具有较大影响力，因此，本项目的市场推广，户外广告将是最重要的传播形式。

六、促销措施

当地的房地产广告媒体还是比较发达的，电视、广播、报纸、户外和车体等广告的表现形式都将成为本案可选择的宣传推广媒体，成为“闻书香”全方面推广的一个强大媒体组合。

在媒体配合方面，需要动静结合，相辅相成。充分利用灯箱、大型户外广告牌、道旗、车体和销售部等固定式广告宣传媒体，有机结合电视、广播、报纸、网络等节奏式的广告宣传媒体，从而达到优势互补的效果，有力地提升项目的知名度和美誉度，提高目标消费群的关注率，实现销售目标，为项目后续开发奠定良好的品牌基础。

各阶段媒体配合见表 4—13。

表 4—13　　媒体配合日程表

引导期	首期推向市场,广告运用以一些新闻报道、大型户外媒体和售楼部的全面启用为主,结合项目奠基为市场机会点
公开期	楼盘正式推向市场,广告媒体的安排转向以报刊媒体为主,同时可配合一定的促销活动
强销期	楼盘销售进入强销阶段,各种媒体攻势互相配合,全面展开,推广重点围绕销售进展情况展开。在客户对本案已了解的基础上,促使销售迅速扩大
持续期	各类广告媒体的投放减少,销售上的广告宣传主要依靠前期剩余的户外媒体和印刷媒体来维持

思考与练习

实训一：请找出一条突出表现“创意”概念的杂志广告、报纸广告或电视广告，注意回避那些只突出“创意”，不在乎“美誉”的广告。

实训二：伴随着中国信息产业市场多元化进程的加快，电信市场的竞争日趋激烈。中国移动通信公司除了与中国电信、中国联通等国内企业竞争外，还必须面对跨国公司的激烈扩张。迫于目前严峻的形势，中国移动通信公司必须寻求新的经济增长点来取胜。TD-LTE 和 FDD-LTE 正是在这一形势之下推出的。TD-LTE 和 FDD-LTE 是由中国提出的第四代移动通信标准，已被国际上广泛接受和认可。LTE 业务集 TD-SCDMA 与 WLAN 于一体，并能够快速传输数据、高质量的音频、视频和图像等，能够满足大部分用户对于无线业务的要求。

根据中国移动通信公司目前的情况，着眼于开拓本地市场，进而辐射全社会，提升 LTE 在中国移动用户中的形象，向市民进行 LTE 的广告宣传。请结合所学知识，设计一份 LTE 的广告计划书。

任务 4　公共关系管理

知识目标

- 掌握公共关系的概念
- 掌握公共关系策划的内容和程序

能力目标

- 能根据组织和公众的状况，开展公共关系策划活动
- 能撰写公共关系策划文案

任务引入

雀巢公司是世界上最大的食品公司之一，有150年的历史。20世纪六七十年代世界上曾出现一种舆论，称雀巢食品的竞销导致了发展中国家母乳哺育率下降，致使婴儿死亡率上升。最有影响的是题目为《雀巢杀死婴儿》的小册子。小册子还忽略了其他影响母乳喂养的各类因素，并在“前言”中专门指出，雀巢公司在第三世界国家运用欺诈的销售技巧进行营销活动应受到谴责。结果在大约半年的时间内，雀巢公司全世界的销售点都出现了滞销积压现象，雀巢公司危机日益严重。

请思考并解决以下问题。

1. 请分析雀巢公司销售受阻的主要原因是什么。

2. 雀巢公司应怎样进行公关策划，重新在公众心目中树立其良好形象？

任务分析

在上述案例中，由于一起社会不良传言给雀巢公司造成了严重的公共关系危机，导致产品大半年内出现滞销积压的现象。

公共关系是一种管理职能、管理行为，是对一个组织传播行为、传播资源、传播过程和传播媒体的管理，是一个组织和公众之间传播和沟通的管理。

公共关系是促销组合中的一个重要组成部分，企业公共关系的好坏直接影响着企业在公众心目中的形象，影响着企业营销目标的实现，公共关系已成为组织生存发展、企业营销策划的重要组成部分。

雀巢公司要想解决这次危机，必须明确此次公共关系策划的目标，选择恰当的策略，实施公共关系策划，以便重新树立良好的形象。

相关知识

一、公共关系的基础知识

1. 公共关系的概念

公共关系是组织为塑造组织形象，运用传播手段，与公众进行双向交流沟通，以达到相互了解、信任和支持合作的管理活动。它包含五层意思。

（1）公共关系是社会组织与公众之间的关系，其中社会组织是主体，公众是客体。

(2) 公共关系是传播活动，是一种双向的信息交流。

(3) 公共关系具有管理职能，通过控制、传播、反馈、调整等一系列活动来实现。

(4) 公共关系是塑造组织形象的艺术。公共关系讲求塑造形象，而良好形象的形成只能以满足广大公众的需求为前提。

(5) 公共关系是追求“内求团结、外求发展”的管理哲学。

2. 公共关系的特征

公共关系的特征概括起来有六个方面，见表4—14。

表4—14 公共关系的特征

特征	具体描述	地位	示例
以社会公众为工作对象	以组织为支点，使组织与其公众结成网状关系	组织必须坚持着眼于自己的公众，才能生存和发展	上述案例中，雀巢公司公共关系的工作对象就是广大用户和新闻工作者
以塑造形象为工作目标	组织应通过各种公共关系活动，有效地提高自身的知名度和美誉度	塑造形象是公共关系的核心	如通过“与社会对话”和游说活动等一系列公共关系活动，挽回组织形象，这就是公共关系的工作目标
以传播沟通为工作手段	是有效的双向沟通	传播沟通是公共关系的基础	如开展“与社会对话”活动就是一种传播沟通方式
以互惠互利为工作原则	以组织和公众双方的共同利益为出发点，建立起平等互利的合作关系	互惠互利原则是公共关系的结果	通过一系列公关活动，让公众买到放心产品，使企业重塑形象
以真实诚恳为工作信条	奉行真实的信条，倡导诚恳的作风	是公共关系活动的基本原则	通过一系列公关活动，让公众了解真相
以注重长远为工作方针	形象不是靠一朝一夕建立起来的，需要长期的不懈努力	是公共关系活动的基本方针	上述案例中，雀巢公司经过七年的努力，才使抵制影响消除，挽回了公司信誉

二、公共关系策划

1. 公共关系策划的概念

公共关系策划，是指通过对公众进行系统分析，利用已经掌握的知识和手段对公关活动的整体战略和策略运筹规划，是对提出公关决策、实施公关决策、检验公关决策的全过程做预先的考虑和设想。

这个定义包括如下几层含义。

（1）公共关系策划是策划理论在公共关系活动中的具体应用。

（2）公共关系策划是为组织目标服务的。

（3）公共关系策划是建立在公关调研基础上的，不仅仅是出点子，也不能用出点子来概括。

（4）公共关系策划可以分为三个层次：总体公关战略策划，如某企业识别系统的导入、组织形象的五年规划等；专门公关活动策划，如四通集团向科技奥运会获奖学生赠送计算机的活动、壳牌公司为司机发放交通图的活动等；具体公关操作策划，如典礼、联谊会、集资、赞助等。

（5）公共关系策划活动无论大小都是系统工程，要有人流、物流、信息流，要有时间、逻辑、知识三维的统筹。策划需要将一系列的点连成线，布成图，构成体，是一个多维的有机整体。

2. 公共关系策划的内容

公共关系策划主要有以下内容，见表4—15。

表4—15　　公共关系策划的内容

内容	具体介绍
树立形象	首先从组织内部做起，使员工具有很强的凝聚力和向心力。此外，要加强组织的对外透明度，利用各种手段向外传播信息
建立网络	公共关系是组织收集信息、实现反馈以帮助决策的重要渠道
处理关系	组织与内外公众关系的协调主要有三个方面：领导者与组织职工之间，组织内部各职能部门之间，组织与外界公众的关系
消除误解	任何组织在发展过程中都可能出现某些失误，而失误往往是一个转折点，处理不妥，就可能导致满盘皆输
分析预测	向组织预报有重大影响的近期或远期发展趋势，预测组织重大行动计划可能引起的社会反应等
促进销售	以自然随和的公共关系方式向公众介绍新产品、新服务，既可以增强公众的购买或消费欲望，又能为组织和产品树立更好的形象

三、公共关系活动策划的程序

公共关系策划通常遵循以下步骤进行，如图4—10所示。

1. 公关策划的环境调研

公关策划的环境调研是指对公共关系环境状况的资料采集、统计与分析过程。为公共关系策划和决策提供可靠的依据，保证公共关系策划方案的切实可行。

公关策划的环境调研内容主要包括以下几个方面，见表4—16。

支的辅助费用，如劳务成本（工资、补贴、奖金等）、管理费（办公耗材、差旅费、水电、房租等）、设施材料费（器材、报刊、展览设施等）。预算的经费最好能保留一定的弹性，以提高公共关系活动的执行力。

7. 方案实施及效果评估

根据环境调研的结果，确定了公关主题和目标后，在选择好公关公众和公关策略的前提下，进行公关方案的实施。公关的目标是评估公关效果的依据。

四、公共关系策划案的文案格式

1. 前言（背景、构思或目的）。
2. 公关的目标。根据公关调研的结果确定公关实际工作的目标。
3. 时间、地点及公关的目标人群。
4. 公关的策略。
5. 公关的沟通媒介。
6. 公关的活动方式。
7. 预算。
8. 成效评估。
9. 附件。
10. 人员职务分配、所需物品、场地及策划的相关资料等。

任务实施

一、分析雀巢公司销售受阻的主要原因

为了扭转不利局面，雀巢公司用重金聘请世界著名公共关系专家柏根来商讨对策，解决难题。柏根通过调研发现，在舆论开始兴起并逐渐发展的过程中，雀巢公司决策者拒绝听取批评，同时对雀巢公司的经销行为始终保密，这种做法适得其反，反而助长了抵制运动的爆发。正是雀巢公司面对谣言没有给予足够重视，忽视了公众的影响力，出现了严重的公共关系危机，导致了其产品在大半年内出现了滞销积压现象。

二、根据雀巢公司及公众情况进行公关策划，重新树立雀巢的良好形象

1. 调查分析组织和公众，确定公共关系目标

根据对组织和公众的调研结果，确定选用“与社会对话”的技术，把工作重点放在抵制情绪最严重的美国实施。雀巢公司公关的工作对象选定广大用户和新闻工作者。

2. 根据公共关系的特点，制定和实施公共关系策划活动

（1）组织公共关系团队专心听取社会批评，开展游说活动。

（2）成立由公众代表参加的权威性听证委员会，全面审查“雀巢”的经销行为。

（3）公司还通过法律手段与“第三世界工作团”对簿公堂。法庭调查的结果表明，导致婴儿死亡的不是雀巢公司的产品，而是产品用户不卫生的饮用方法。

通过一系列公共关系策划，逐步在公众心目中树立起往日的良好形象，逐步挽回了雀巢公司的信誉。

思考与练习

2006 年 9 月，尼康、佳能等八家数码相机厂商先后宣布由于索尼公司的电荷耦合器件（CCD）不合格导致它们公司生产的部分数码相机存在质量问题。索尼公司得到消息后，在很多媒体和消费者还不知情的情况下，主动在公司网站公布该部件维修的通知，把出现问题的原因进行了描述，并提出了相关解决方案，同时实行免费检测和维修以及免费更换元器件等售后服务措施。索尼公司方面表示：更换元器件公告五年内有效，对于前述原因导致的采取收费维修的用户，索尼将返还当时的维修费用。维修费用返还的措施在公告发布后六个月内有效。

问题：

1. 请分析索尼公司如何消除消费者的信任危机。
2. 请为索尼公司针对此次危机写一份策划方案。

模块五　营销效果评价

不同企业有各自特定内容的营销目标，然而对营销活动而言，内外部环境因素是动态的，经常会发生营销目标或者是企业营销行为无法适应形势发展的状态，企业必须定期对自身营销活动效果进行评价，从中发现问题，及时调整行为或者计划，从而保证营销目标的实现。

任务1　销售效果评价

知识目标

➢ 掌握销售效果评价的测定方法

能力目标

➢ 能灵活进行企业销售分析和控制

任务引入

一家总部位于华东地区的食品公司通过超市和零售店面销售产品，2017 年计划销售商品 5 000 万件，单价 10 元，即销售额为 5 亿元。而实际销售商品 4 000 万件，且单价降为 8.75 元，实际销售收入为 3.5 亿元，毛利是 0.2 亿元。公司在同类产品的市场份额大约为 12%，预计市场保持大约 15%的增长幅度。2018 年公司希望在保持利润率的前提下，市场份额可以达到 18%。

华东是公司总部所在地，公司在华南的市场份额已经超过 30%。华北分公司成立约一年，在当地的市场份额低于 9%。西部分公司将于 2018 年成立，现在销售收入只占公司销售额的非常小的比例。根据市场分析，华东、华南、华北和西部同类产品的市场容量相近。公司同时推出新的战略性的×产品线，公司对该产品寄予厚望，希望销售额增长的一半来自这个产品。公司 2017 年的销售费用为 1 750 万元，希望 2018 年销售费用占销售额的比例能够下降 10%。2017 年年底，公司尚有 600 万元的应收货款，其中华东有大约 400 万元，华北和华南各有 100 万元左右。公司希望 2018 年应收款占销售的比例下降 20%。

请思考并解决以下问题。

1. 2018 年实际销售与计划销售存在差额，请分析其原因。

2. 依据不同区域的市场占有率分析企业市场分布战略。

3. 依据市场分析并结合公司目标确定市场目标。

4. 在企业的实际营销活动中，如何动态地观察企业的营销实绩？

任务分析

营销效果评价的目的是检查和监督年度的销售和利润目标是否顺利完成，其中心是进行目标管理。而营销效果评价的主要任务为分解年度计划指标，跟踪实施情况，对出现的偏差进行分析，提出改进意见，必要时，可以根据客观变化情况修订目标。

销售效果评价可以通过几个方面来分析，包括销售分析、市场占有率分析、盈利性分析、目标达成率分析、效果递进率分析等。在评价时，可以选择其中的一个或多个进行综合评价。

相关知识

一、销售分析

销售分析就是要衡量并评估企业的实际销售额与计划销售额之间的差异情况，并采取相应的措施，具体方法有以下两种。

1. 销售差额分析

这种方法用来测量不同的因素对出现销售差额的影响程度。

例如，某公司年度计划要求第一季度销售商品 5 000 件，单价 10 元，即销售额为 50 000 元。但第一季度实际销售商品 4 000 件，且单价降为 9 元，实际销售收入为 36 000 元，差距为 14 000 元。其原因包括价格降低和销量减少两种因素，但这两种因素对差额的影响程度是不一样的。

因降价引起的差额：$4\ 000\times(10-9)=4\ 000$ 元

占总差额的比例：$\frac{4\ 000}{14\ 000}\times100\%=28.57\%$

因销量减少引起的差额：$(5\ 000-4\ 000)\times10=10\ 000$ 元

占总差额的比例：$\frac{10\ 000}{14\ 000}\times100\%=71.43\%$

从以上分析可以看出，销售收入减少的主要原因是由于销量减少引起的，那么，公司就应调查销量减少的原因并采取相应的措施。

2. 地区销量分析

这种方法主要用在审核导致销售差距的具体产品和地区。

例如，某企业在四个地区销售产品，其销售情况见表5—1。

表5—1　某企业四个地区产品销售情况表　单位：元

区域	预期销售额	实际销售额	销售额差距	差距的百分比（%）
A	4 000	3 600	-400	-10
B	2 500	2 150	-350	-14
C	2 300	1 050	-1 250	-54.35
D	1 500	1 600	100	6.67

由此可见，导致销售差距的主要原因在C地区。管理部门应主要督查C地区，查明销售额没有达到预期的原因并采取针对性的措施。

二、市场占有率分析

销售分析只能反映企业的销售目标完成情况，并不能反映企业的市场竞争地位。只有市场占有率才能反映企业的实际竞争力的变化。例如，企业的销售额提高可能是由于企业的竞争力增强，但也可能是外界环境对本行业有利，从而导致本行业所有企业的销售额都上升了，但本企业和同行业的其他企业的竞争地位并无变化或反而下降了。如果企业的市场份额提高，则表明企业在与竞争对手的较量中处于有利地位；反之，如果企业的市场份额减少，那就说明企业在与竞争对手的较量中处于不利地位。

1. 市场占有率工具

分析市场占有率的工具有三种：整体市场占有率、服务市场占有率、相对市场占有率。

（1）整体市场占有率

即企业的总销量除以市场总销量，有两种表达方式：一种是企业销售量占比，反映企业与竞争者在销售数量（件数）上的对比；一种是企业销售额占比，反映的是销量与价格的变化关系。

（2）服务市场占有率

由于市场细分的关系，企业的目标市场可能局限于某个市场，而不是整体市场，所以市场占有率应以这个目标市场来计算。例如，计算机市场虽然很大，但有的企业只集中开拓台式计算机市场，那么整体的计算机市场与其没有太大的关系。

(3) 相对市场占有率

企业对某个竞争者特别关注，于是利用市场占有率对其进行分析。

例如，企业以市场上两个最强的 A 公司和 B 公司为竞争对手，它们的市场占有率分别为 20%、25%。如果企业的整体市场占有率为 30%，则企业的相对市场占有率为：

$$\frac{\text{企业整体市场占有率}}{\text{本企业+A 公司+B 公司的市场占有率}}\times 100\% = \frac{30}{30+20+25}\times 100\% = 40\%$$

企业的相对市场份额超过 1/3，因此这个企业可以被看成市场上的强势领导者。

2. 分析市场占有率变化

企业应当分析造成市场占有率变化的原因，这样才能制定适当的改进策略。以下的方程式可以解释市场占有率的变化：

市场占有率=客户渗透率×客户忠诚度×客户选择性×价格选择性

如果企业的市场占有率下跌，原因可能有以下四种。

一是企业失去某些客户，即“客户渗透率”降低。

二是企业的客户转而光顾竞争对手，即“客户忠诚度”降低。

三是企业客户的购买力相对竞争对手客户的购买力减弱，即只有较低的“客户选择性”。

四是企业的价格竞争性转弱，即只有较低的“价格选择性”。

企业可以依据这些因素的变化制定对策，提高市场占有率。

三、盈利性分析

盈利性分析一般由企业内部负责监控营销支出和活动的营销审计人员负责，旨在测定企业对不同产品、不同销售地区、不同客户群、不同销售渠道以及不同规模订单的盈利情况的控制活动。它包括各营销渠道的营销成本控制、各营销渠道的营销净损益和营销活动贡献毛收益（销售收入-变动性费用）的分析，以及反映企业盈利水平的指标考察等内容。

盈利性分析的目的是检查不同的销售领域，如不同产品、地区、细分市场和分销渠道的盈亏情况，从而使企业决定哪些营销活动应扩大，哪些应缩减甚至放弃。通过对财务报表和数据的一系列处理，把所获利润分摊到产品、地区、分销渠道、客户等方面，从而衡量出每一个因素对企业最终获利的贡献大小以及其获利能力的高低。营销管理者可考虑利用财务部门提供的报表和数据重新编制出各类营销损益表，并对各表进行分析，见表 5—2。

表 5—2 某企业分销渠道盈利分析表 单位：元

项目＼渠道名称	百货商店	专业商店	便利商店	总额
销售收入	40 000	10 000	20 000	70 000
销售成本	29 500	7 500	14 000	51 000
销售毛利	10 500	2 500	6 000	19 000
营业费用				
推销	4 000	1 300	400	5 700
广告	1 550	620	350	2 520
物流	3 500	1 380	900	5 780
费用总额	9 050	3 300	1 650	14 000
净利润	1 450	−800	4 350	5 000
销售收益率	3.6%	−12.5%	21.8%	7.1%

通过数据分析可以看出，尽管便利商店不如百货商店的销售额高，但其获利能力却远远高于百货商店；而造成专业商店亏损 800 元的主要原因是其营业费用过高，如果企业采取相应措施后还不能扭转亏损，就应该考虑对原来渠道结构适当调整。

盈利能力分析的目的在于找出妨碍获利的因素，以便采取相应的措施排除或削弱这些不利因素的影响。可以选择的调整措施很多，企业必须在全面考虑之后做出最佳决策。仍同上例，便利店获利能力最大，当然应该保留，但专业商店是否应该保留，则需进一步分析，了解其获利较少或亏损的原因，制定相应的调整措施，方能做出最佳决策。

四、目标达成率分析

营销目标是企业营销活动的努力方向，目标达成率是其内容的数量表现形式，通过评价具体的目标值，可以从最直观的角度说明企业营销目标的完成情况。

1. 企业营销业绩目标达成

常用的目标项目值有总资本利润率，销售利润率，资本保值率，销售增长率，利润增长率，资产增长率，市场占有率，企业产品品牌，企业形象知名度、美誉度，资产负债率，流动资金比率，应收账款周转率，存货周转率，盈亏平衡点等。

2. 企业营销能力目标达成

常用的目标项目值有战略决策能力、集团组织力、企业文化、专利数量、技术创新能力、新产品比率、成本降低、质量水平、合同执行率、推销能力、市场开发能力、服务水平、职工安定率、职务安排合理性、劳动生产率、资金效率、资金筹集能力等。

3. 企业环境适应目标达成

常用的目标项目值有分红率、股票价格、股票收益性、战略测定能力、经营与组织能力、员工能力开发、工资水平、职工福利、凝聚力、参加工会人数、工会参与管理程度、提高产品质量、改善服务水平、业务往来条件、销售条件、利息水平、信用度、预贷款、公害防治程度、缴纳税金、执行政策程度、国际间协作关系等。

一般而言，企业在制定营销目标时规定了什么内容，评价目标达成率时就依照这个内容。但是由于企业营销活动过程会受到多方面因素的影响，营销情况会经常发生变化，因此需要实事求是地对某些目标值进行适当的调整。对目标达成率的评价标准，除了包括初期目标值以外，还应该包括企业在营销活动中新增加的目标值，同时扣除因为某种原因而减少的目标值。

例如，对市场占有率的目标达成评价。市场占有率越高，说明企业的市场地位越稳固。所以无论是何种企业，都希望最大程度提高自已的市场占有率。确定企业的市场占有率目标值主要以过去的趋势为基础，然后制定稍高的目标值，再根据行业的整体销售收入预测，求出新的企业市场占有率目标值。

$$\text{市场占有率目标达成率}=\frac{\text{本企业销售收入}}{\text{行业全部销售收入}}\times 100\%$$

在对企业所有目标达成率进行评价时，对于那些无法定量的目标值，如战略决策能力、经营与组织能力、国际协作关系等，可以采用问卷调查、意向调查以及同其他企业对比等方法进行综合评价。

五、效果递进率分析

在企业的实际营销活动中，营销效果的优劣表现不一定完全反映在一定时限的营销实绩上。例如，一个零售企业的某个销售部门由于突然而至的机会取得了短期的销售高增长率，然而这并不能代表这个部门已经具备了优质的营销管理水平。当然，如果该部门能借此机会，进一步改善自身的营销活动质量的话，则完全有可能将部门已经取得的良好营销实绩推向更高级的阶段。

营销效益等级评价（见表 5—3）动态地观察企业的营销实绩，它是由营销导向的客户宗旨、整体营销组织、充分的营销信息、战略导向和营销效率等五种主要属性的不同程度所反映出来的。每一种属性都是可以衡量的，而且通过对它们的具体分析，可以从中发现企业具体营销活动取得不同程度绩效的要素。这种效果递进率的评价，有助于企业纠正自身主要的营销缺点，从而保证营销目标的最终实现。

表 5—3 营销效益等级评量表

	第一部分：客户宗旨
	A. 是否认识到根据目标需要确定企业营销计划的重要性
0	营销重点把现有产品或新产品出售给任何愿意购买的人
1	考虑对范围广泛的市场和服务给予同等效率的服务
2	营销重点在经过慎重选择而定的目标市场
	B. 是否认识到根据不同细分市场制定不同营销组合策略的重要性
0	没有
1	做了一些工作
2	做得相当好
	C. 是否认识到规划业务活动时着眼于整体营销系统观念（供应商、渠道、竞争者、客户）
0	不是，只致力于向当前的客户出售和提供服务
1	有一点，致力于向当前的客户出售和提供服务，也从长远的观点考虑了其他渠道
2	是的，从整体营销系统观点出发，充分了解系统中每个部分变化可能对企业带来的影响
	第二部分：整体营销组织
	D. 对于各个重要的营销功能是否有市场层次的营销控制
0	没有。并由此产生一些非生产性的摩擦
1	有一点。但缺乏令人满意的合作和协调
2	是。各重要营销部门被高度有效地控制在一起
	E. 是否有效地和企业其他各部门进行合作
0	没有。其他部门对营销部门的要求觉得不合理
1	还可以。在各部门立足于维护本身利益的基础上相互之间关系还是融洽的
2	是的。各部门都从企业全局利益出发考虑问题，并进行有效的合作
	F. 新产品制作过程是如何组织的
0	制度未明确规定，管理不善
1	制度形式上存在，但缺乏有经验的人员
2	制度结构完善，配备专业人员
	第三部分：充分的营销信息
	G. 最近一次营销调研是何时进行的
0	若干年前
1	一两年以前
2	最近
	H. 在衡量不同营销支出的成本效益方面采取了什么措施
0	很少或没有措施
1	有一些措施
2	大量措施

续表

第四部分：战略导向	
	I. 正规营销计划的策划情况
0	很少或没有正规的营销计划工作
1	制订年度营销计划
2	制定详细的营销目标体系，并不断修正
	J. 现有营销战略的质量如何
0	现有战略不明确
1	现有战略明确，但只代表传统战略
2	现有战略明确，富有创新性，且合情合理
	K. 有关意外事件的考虑和预案做得如何
0	很少或不考虑意外事件
1	有一定考虑，但没有正式的应急计划
2	重视对意外事件的辨认，并制订应急计划
第五部分：营销效率	
	L. 在传播和贯彻企业决策层的营销思想方面做得如何
0	很差
1	一般
2	很成功
	M. 是否有效利用了各种营销资源
0	没有，相对于所要完成的工作而言，营销资源是不足的
1	做了一些，营销资源足够，但没有得到充分的利用
2	是的，对充分的营销资源进行了有效部署
	N. 是否具有对环境变化迅速有效的反应能力
0	没有，营销信息不及时，企业反应迟钝
1	有一点，一般能获得即时的营销信息，相关部门的反应快慢不一
2	是的，企业有科学的营销信息系统，并能及时做出反应

总得分：　　　　评价：

说明：对量表中的每一部分选定一个适当的答案，然后把各题所得分数相加，不同分数表示不同水平的营销效益。

0~5=无　6~10=差　11~15=普通　16~20=良　21~25=很好　26~30=优秀

需要宏观地对企业营销活动产生的影响做出科学的评价。这种评价不需要十分精细，但抓住相关的评价项目，可由此评价出企业营销的优劣势所在。从而帮助企业研究如何从整体发展上考虑，在及时抓住外部环境的机会或避免外部环境威胁的同时，发挥企业的优势，避开自身的不足之处，从而顺利达到营销目标。

1. 对企业营销理念的评价

营销理念是团结企业全体成员的精神纽带，是涉及企业生死存亡的关键。评价的中心内容是：企业是做什么的（过去做什么，现在做什么，将来做什么，为什么要这样做），企业的营销理念是什么、是否正确，企业的现行营销业务如何（目标公众需求是什么，规模有多大）。

2. 对企业竞争能力的评价

这是建立在对企业市场营销宏观环境和行业环境分析基础上的，进一步对企业自身的营销竞争能力进行评价，不仅可以从整体上把握企业和产品的发展，而且可以从中发现对企业真正有价值的战略机会。评价的中心内容是：企业的历史如何（为何创设，获利能力、新产品开发能力、行业竞争力如何）；企业的管理水平如何（领导层素质如何，企业管理体制对执行营销计划的影响）；企业的经营水平如何（生产能力，技术能力，销售能力，财务状况）；企业的结构如何（职工队伍状况，企业文化建设、人事管理、收入分配情况）等。

任务实施

1. 根据企业的实际情况，分析原因应产生于两种因素：价格降低和销量减少，但这两种因素对差额的影响程度是不一样的。2017 年计划要求销售商品 5 000 万件，单价 10 元，即销售额为 5 亿元。实际销售商品 4 000 万件，且单价降为 8.75 元，实际销售收入 3.5 亿元，销售差距 1.5 亿元。

因降价引起的差额：$4\,000\times(10-8.75)=5\,000$ 万元 $=0.5$ 亿元。

占总差额的 $\dfrac{0.5}{1.5}\times100\%\approx33.33\%$。

因销量减少引起的差额：$(5\,000-4\,000)\times10=10\,000$ 万元 $=1$ 亿元。

占总差额的 $\dfrac{1}{1.5}\times100\%\approx66.67\%$。

从以上分析可以看出，销售收入减少的主要原因是由于销量减少引起的，那么，公司就应调查销量减少的原因并采取相应的措施。

2. 市场分析是制定销售策略的基础和划分销售任务的第一步。在市场分析前，公司应该掌握足够的市场数据，一些数据来自于公司外部，如公司总体以及各个细分的市场份额，还有一些数据由公司内部提供，如公司的利润情况和销售费用等。接着是根据这些数据细分客户，计算各个细分市场的采购潜力，然后依据自己的销售情况，计算在每个市场的客户份额，这样就将每个细分市场填入了攻守模型。销售策略不能仅依赖于主观的想法，还要与竞争对手进行比较和分析，产生出策略和行动计划。在案例中，华东地区显然处于防御区域，华南和华北处于进攻区域和防御区域之间，西区则处于进攻区域。

3. 依据市场分析并结合公司目标，可以计算出案例中公司的整体目标。2017 年销售额 3.5 亿元除以市场份额 12%是当年的市场总量，为 29.2 亿元。由于市场保持 15%的成长，公司预期取得 18%的市场份额，因此公司 2018 年的销售收入目标是 6.04 亿元。×产品占据增长的一半，因此用 2018 年销售收入减去 2017 年销售收入除以 2，就可以得到×产品的销售收入目标为 1.27 亿元，占销售额的 20%。公司的利润率保持不变，因此 2018 年销售收入乘以 2017 年的利润率就是 2018 年的利润指标，为 0.345 亿元。2017 年销售费用占销售额的比例为 5%，2018 年希望这个比例与去年相比下降 10%，因此 2018 年的销售费用是用收入目标乘以 4.5%，为 0.27 亿元。2017 年应收账款占销售收入的比例是 1.7%，2018 年应该下降 20%，再乘以销售收入目标，为 830 万元。销售目标就是这样从公司的经营策略开始，按照市场数据一步一步产生出来的。

4. 在企业的实际营销活动中，营销效果的优劣表现不一定完全反映在一定时限的营销实绩上。企业可以通过营销效益等级评价动态地观察企业的营销实绩，它是由客户宗旨、整体营销组织、充分的营销信息、战略导向和营销效率等五种主要属性的不同程度所反映出来的。这种效果递进率的评价，有助于企业纠正自身主要的营销缺点，从而保证营销目标的最终实现。

思考与练习

某公司年度计划规定：某种产品第一季度的销售任务是 5 000 件，单价 2 元，总销售额是 10 000 元。第一季度末实际售出 4 500 件，且单价下降为 1.5 元，总销售额为 6 750 元，比计划销售额减少了 32.5%，差距为 3 250 元。

问题：试析影响计划完成的原因及其对销售效果的影响程度。

任务 2　渠道效果评价

知识目标

➢ 掌握营销渠道评估的方法和指标

能力目标

➢ 能对分销商的绩效进行评估

任务引入

黄华是华兰公司在Y市的营销员，为了能增加销量，提高市场占有率，完成自己的销售任务，同时也为了能长期稳定地占领市场，她必须在每一季度对代理商的绩效进行全面评估，以便采取相应的对策激励和帮助代理商，或者增选新的代理商，放弃某些矛盾不可调和或绩效低的代理商。

请思考并解决以下问题。

1. 黄华应该怎样对分销商进行绩效评价？
2. 请你设计一份对分销商的评价方案。

任务分析

制造商都期望拥有稳定的销售渠道，但除此以外，更需要拥有高效率的渠道。因此，要对销售渠道效率进行评价，并依据评估的结果进行渠道的改进。而分销商的评估必须全面，既要有数量指标的评估内容，又要有非数量指标的评估内容；同时应根据企业、产品、分销商的级别及类型、市场竞争形势、企业战略目标等因素的不同，设置评估指标、各指标的权重分配和评分标准。

相关知识

一、营销渠道的绩效评估

营销渠道绩效评估简称渠道绩效评估，就是指制造商通过系统化的手段或措施对其营销渠道系统的效率和效果进行客观考核和评价的活动过程。

渠道绩效评估的对象既可以是渠道系统中某一层级的渠道成员，也可以是整个渠道系统。在营销实践中，不少制造商同时对某个层级的渠道成员及整个渠道系统进行评估。尤其是在渠道扁平化的发展趋势下，制造商更多地加强了对渠道系统中具体渠道成员的绩效评估，以利于制造商决定是否对某些层级的渠道成员进行扁平化管理。

1. 对中间商的绩效评估

（1）对中间商绩效评估标准的确定

渠道绩效是一个多维和纵深的结构，既包括宏观的方面，也包括微观的方面；既包括渠道系统的绩效，也包括单个层级渠道成员的绩效，甚至单个渠道成员的绩效。通常情况下，制造商在评估一个渠道系统时，可以分为不同层次从多方面入手。制造商对中间商绩效评价的标准主要有销售绩效、财务绩效、竞争能力、应变能力、销售增长、客户满意、合约遵守、存货定量等方面，具体见表5—4。

表5—4　制造商评价中间商绩效的指标说明

评价指标（一级）	二级指标	目的
销售绩效	◇销售量 ◇实现的市场占有率 ◇本产品经营占中间商总经营额的比例	评价中间商的销售能力和竞争能力
财务绩效	◇经营利润	评价制造商产品对中间商的利润支持以及中间商的财务能力
竞争能力	◇经营技能 ◇经营知识 ◇销售队伍	评价中间商的竞争能力
应变能力	◇适时调整销售措施 ◇实际销售与计划比例 ◇前瞻客户达成交易的比率	评价中间商管理水平、达到目标及利用机会的能力
销售增长	◇中间商成为制造商的收入来源 ◇中间商为制造商提供收入的增长趋势 ◇中间商的年销售增长率	评价中间商业务的成功性及未来对制造商的重要性
客户满意	◇制造商是否受到消费者的抱怨 ◇中间商帮助制造商提供的服务 ◇中间商的服务使客户满意 ◇一定时期的投诉次数，如每月5次	评价中间商的客户关系
合约遵守	◇听从指导，遵守合约	评价中间商的合作意识
存货定量	◇平均存货储备	评价中间商能否满足不断货的需求

（2）依据标准对中间商进行绩效评估

评估的具体方法可以采用加权标准法进行，具体步骤是：确定评估标准；根据重要性为每个标准分配权数；对中间商进行打分，分数可以是0~10分；得分和权数相乘得出每个标准的加权分；每个标准的加权分加总，得出每个中间商的综合得分。

加权标准法的具体应用情况见表5—5。

表5—5　用加权标准法评估渠道成员的绩效

标准	标准的权数	得分	加权得分
销售绩效	0.3	7	2.1
财务绩效	0.2	6	1.2
竞争能力	0.1	8	0.8

续表

标准	标准的权数	得分	加权得分
应变能力	0.05	8	0.4
销售增长	0.05	7	0.35
客户满意	0.1	6	0.6
合约遵守	0.1	6	0.6
存货定量	0.1	6	0.6
综合得分			6.65

用以上方法对每个中间商进行打分评估以后，就可以用综合得分的情况对中间商的绩效进行排序分析。如果在中间商数量较多的情况下，也可以对综合得分进行频率分布分析，以了解整体渠道成员绩效水平。例如，假设有100名中间商，其综合绩效得分情况见表5—6。综合得分在6分以上的中间商占中间商总数的68%，综合得分在4~6分的中间商占中间商总数的14%，说明中间商总体绩效水平尚可，但也有需要改进的中间商。

表5—6　　100名中间商综合绩效分值的频率分析

综合绩效分值范围	中间商数量	累积百分比
8~10	13	13%
6~8	55	68%
4~6	18	86%
2~4	9	95%
<2	5	100%
总计	100	

2. 渠道绩效评估的财务指标

渠道绩效评估可以通过多种指标表达出来。在营销实践中，用得最多的是财务指标。下面对渠道绩效评估中的常用财务指标进行介绍。

（1）渠道成本

渠道成本直接影响制造商的利润。因此，对渠道成本的有效控制，对制造商来说就显得非常重要。渠道系统中成本主要来自以下几个方面：一是直接推销费，主要包括推销人员的工资、奖金、差旅费、培训费以及招待费等；二是市场促销费，主要包括宣传海报、产品介绍等的印刷费、赠品费、展览费、促销人员劳务费等；三是渠道成员的代理费，即给予渠道成员的佣金；四是制造商自建渠道的成本，包括初始投资成本以及此后的营运成本等。

（2）销售利润率

大多数情况下，渠道成员和制造商都将销售利润率作为评价一个渠道系统获利能力的主要指标之一。对于渠道成员来说，销售利润率在一定程度上影响到渠道成员的积极性，进而影响到渠道系统的稳定性。而对于制造商来说，销售利润率则影响到制造商的持续发展能力。销售利润率是指渠道系统当期利润与当期销售收入之间的比率，用公式表示为：

销售利润率=(当期利润÷当期销售收入)×100%

（3）资产收益率

资产收益率是指制造商所创造的总利润与制造商自身全部资产的比率，用公式表示为：

资产收益率=(当期利润÷资产平均总额)×100%

=(税后息前利润÷资产平均总额)×100%

其中，资产平均总额=(年初资产总额+年末资产总额)÷2。

（4）净资产收益率

净资产收益率是指税后利润与净资产平均余额的百分比。净资产是指制造商总资产减去负债总额后的净值。净资产收益率用公式表示如下：

净资产收益率=(税后利润÷净资产平均余额)×100%

（5）资产管理比率分析

1）资金周转率。是指一个制造商以资产平均占用额去除产品销售收入净额。该指标用以衡量一个制造商投资的利用率，资金周转率高，说明投资效率高。资金周转率用公式表示如下：

资金周转率=(产品销售收入净额÷资产平均占用额)×100%

2）存货周转率。是指产品销售成本与存货平均余额的百分比。该指标主要用来说明某一时期内存货周转的次数，从而考核存货的流动性。存货平均余额取年初和年末余额的平均数。一般来说，存货周转率次数越高越好，说明存货水准低，周转快，资金使用率高。存货周转率用公式表示如下：

存货周转率=(产品销售成本÷存货平均余额)×100%

（6）渠道成本与销售额比率分析

渠道成本与销售额比率是指用当期渠道成本除以当期销售总额的比率。该指标主要用来衡量制造商渠道系统的运作效率，若该比率较高，表明制造商的渠道效率较低，应注意渠道成本费用的控制；若该比率较低，则说明厂商现行的渠道系统效率较高，应继续保持。渠道成本与销售额比率用公式表示如下：

渠道成本与销售额比率=(当期渠道成本÷当期销售总额)×100%

二、渠道改进

对中间商的绩效评估结果存在三种可能：完全不满意，需要进行渠道的全面改进；绝大多数中间商绩效水平尚可，少数中间商需要进行改进；完全满意，中间商绩效水平高，不需要改进，保持即可。

1. 一般的渠道改进

如果渠道成员的绩效全部不理想，制造商需要认真分析其原因，针对原因对渠道提出综合改革计划。

（1）渠道政策的完全改变

如改变渠道的价格政策、市场推广政策、渠道支持政策、铺货政策、奖励政策、信用政策等，以促进中间商绩效的提升。

（2）渠道结果的调整

调整原有的渠道结构，如实施渠道扁平化改革，调整渠道的长度结构，减少中间层次，加强对渠道成员的控制；也可以调整渠道的宽度结构，如由原来的密集型分销调整为选择性分销，以提升中间商的质量，从而提高渠道成员的绩效。

（3）渠道体系的变革

完全改变渠道原有的网络系统，重新建立渠道系统，对渠道功能和任务进行重新分配。渠道体系的完全变革涉及面大，阻力大，风险大，只有渠道面临极大危机时才可以使用。

无论是何种程度的渠道改革，都要处理好因渠道改革而带来的冲突；否则，会给企业带来不利的影响。

2. 针对少数中间商的渠道改进

制造商对渠道成员的综合绩效提出一个最低标准，对综合绩效不达标的少数中间商需要提出改进措施。针对制造商和中间商关系的渠道改进措施有以下内容。

（1）帮助改进

少数渠道成员综合绩效不理想，制造商可以为其提供帮助，以促进其改进，这样可以加强渠道成员的合作，构建和谐关系。尤其一些中间商是制造商早期的合作伙伴，在制造商开拓市场时立下了汗马功劳，如果制造商发展了，却将早期合作伙伴抛弃了，不利于制造商良好信誉的建立和渠道关系的发展。因此，制造商可以采取协助中间商寻找产生差距的原因，共同制定规划等方式，帮助其改进绩效。

（2）提出改进绩效的建议，限期整改

对于一些合作关系一般的中间商可以提出改进建议，并限期整改，以传递一定的压力，促动其改进。

（3）降低合作层次

对于整改效果不明显的中间商可以降低合作层次，在货品供应方面给予一定的限制。

(4) 解除合作关系

对于长期改进无效果的中间商，可以终止合作关系，以提高渠道的综合绩效。

三、渠道差距分析

既能满足服务产出的需求，又能以最低成本执行必要的渠道流的渠道称之为零基渠道，也可以说是理想的渠道。零基渠道实际上不存在，或说很难建立，但企业应该以理想的渠道为标准分析现有渠道的差距，同时也可以以竞争者的渠道为标准来分析目前的渠道差距。

1. 需求方差距

如果渠道差距存在于需求方，即为服务—价值差距，有两种情况会产生需求方差距。

(1) 服务产出供应低于服务产出需求

即供应给目标市场的服务产出水平太低，达不到目标市场的需求。例如，商场的休息区太少，或者休息区就是餐饮服务区，客户无法安静休息，就会引起客户不满。再如，银行办业务排队问题常常引起客户不满。

供应给目标市场的服务产出水平太低能否通过降低价格来弥补，从而实现客户满意呢？有的产品可以，如农贸市场上购物环境比超市差，但是蔬菜价格比超市的便宜，所以消费者能够接受。但有些商品服务产出水平低，即使通过降低价格也不能弥补，不能实现客户满意。

(2) 服务产出供应高于服务产出需求

提供高于市场需求的服务产出，会导致产品加上服务后价格过高，不被消费者认可；或者渠道承担没有价值的服务的生产成本，导致利润下降。例如，某些商品的直销方式所提供的客户服务常常过量，高价格得不到认同。需求方差距可能会同时出现在几种服务产出中，有可能某种服务产出的水平太低，而另一种服务产出的水平又太高，即一种服务产出过量并不总能够很好地弥补另一种服务产出的不足。

2. 供应方差距

供应方差距是指供应方提供的服务产出符合客户的要求，但提供这些产出所花费的成本过高。如果供应方共同执行所有渠道流的成本高于必要的成本，就产生了供应方差距。如果某个渠道流执行成本很高，但所有渠道流的共同执行成本很低，则不会产生供应方渠道差距。例如，电子商务使渠道执行信息流成本提高，但由于信息通畅，运输、储存等成本下降，渠道总成本不高，就没有供应方差距。

供应方差距导致高成本高价格，得不到客户的认可，即使是制定的价格得到了客户认可，也一定是某些渠道成员承担了成本或降低了利润。

3. 联合渠道差距

经常存在的情况是，渠道服务既存在着需求方差距，同时也存在着供应方差距。

综合看来，渠道服务的需求方差距和供应方差距存在六种情况，见表5—7。

表5—7 **需求方差距和供应方差距**

供应方差距	需求方差距		
	不足差距，服务产出供应低于需求	无差距，服务产出供应等于需求	过剩差距，服务产出供应高于需求
没有供应方差距（高效的低渠道流成本）	①客户的服务需求没有被满足	②无需求方差距，也无供应方差距	③客户的服务需求被过剩地满足
有供应方差距（低效的高渠道流成本）	④高成本下的服务产出不足，质次价高的服务产出	⑤高成本下的供求平衡，服务产出符合要求，但价格或成本太高	⑥高成本下的过量服务；服务产出超出需求，价格或成本太高

情况①：服务产出供应低于需求，没有供应方差距。解决的方法有两个：一是增加服务产出的供应水平；二是改变目标细分市场，寻找新的较少需求的细分市场，以与较低的供应水平相适应。

情况②：既没有供应方差距，也没有需求方差距，是理想的渠道。

情况③：服务产出供应高于需求，没有供应方差距。解决的方法有两个：一是减少服务产出的供应水平；二是改变目标细分市场，寻找新的较多需求的细分市场，以与较高的供应水平相适应。

情况④：服务产出供应低于需求，服务产出的供应成本高。解决的方法是同时采取以下两个方面的措施：一是增加服务产出的供应水平，或改变目标细分市场，寻找新的较少需求的细分市场，以与较低的供应水平相适应；二是降低供应成本。

情况⑤：无需求方差距，但供应成本高。

情况⑥：服务产出供应过量，成本过高。解决的方法是同时采取以下两个方面的措施：一是减少服务产出的供应水平或改变目标细分市场，寻找新的较多需求的细分市场，以与较高的供应水平相适应；二是降低供应成本。

在存在供应方差距的情况下及上述情况④、⑤、⑥中，降低渠道供应成本的方法如下：一是改变当前渠道成员的角色。通过改变它们的角色和渠道流的责任来提高成本的效率。二是在新的分销技术方面进行投资以降低成本，如网络订票系统可以降低航空公司或铁路公司的查询和出票成本。三是引进新的分销功能机构以改变渠道的运行，如网络销售公司将递送的任务交给快递公司。

4. 渠道差距分析模板

可以用渠道差距分析模板来具体分析某种产品或某项服务的渠道差距，渠道差距的分析模板横栏分别列出渠道服务产出的供应水平、供应的效率以及原因分析、预期采取的手段和结果；纵栏列出渠道服务产出的种类，不同的产品、不同的细分市场，其项目往往不同。

表5—8是利用渠道分析模板进行的关于银行大众市场的服务分析。

表5—8　　银行大众市场的服务分析

	服务态度	空间的便利性	等待时间	花色品种
供应水平（低—尚可—高）	低：客户不满意	低：网点少	非常低：等待时间长	高：能够提供各种服务
效率（低—尚可—高成本）	低	尚可	低	低
问题的原因	沟通不足，愿意改进	环境限制，业务动力改进	业务增加，服务没有跟上，愿意改进	有些服务利润低
期望的结果	改进与客户的关系	维持现状	减少等待时间	维持现状
缩小差距的战术	员工教育：加强与客户沟通	无	引进电子排队管理系统，开通“绿色通道”，引导客户使用电子银行、自助银行、网上银行等服务渠道	无
渠道绩效的预期变化	改进	维持现状	降低等待时间	维持现状

任务实施

1. 制定评估的标准

评估分销商的业绩，不能只看其销售量和销售额，而应该全面评估。制定评估标准见表5—9。

表5—9　　评估分销商业绩的参考指标

评估指标	各指标的权重	评分标准					分数×权数
		5分	4分	3分	2分	1分	
完成销售目标的百分比	0.3	完成目标	完成80%	完成60%	完成40%	完成20%	

续表

评估指标	各指标的权重	评分标准					分数×权数
		5分	4分	3分	2分	1分	
对公司的信誉	0.2						
执行公司价格政策	0.1						
促销推广的积极性	0.15						
促销推广人员的素质和能力	0.15						
对客户服务的质量	0.1						
综合加权平均分数							

说明：

（1）完成销售目标的百分比必须是依靠挖掘其现有客户和其他潜在客户实现的，而不是依靠向其他带量上的客户窜货实现的。在此前提下，如果超额10%可加1分，超额20%可加2分，以此类推。

（2）对公司的信誉，主要是指代理商与公司结算货款的及时性和对合同总体的履行情况。

综合加权平均分数＝30%×完成销售目标百分比评分分数+20%×对公司的信誉评分分数
×10%×执行公司价格政策评分分数+15%
×促销推广人员的素质和能力评分分数
+10%×对客户服务的质量评分分数

2. 评估

依据评估标准和各代理商的实际表现对各代理商进行客观公正的评分。然后，根据各项评估指标的权重计算出综合加权平均分数。

3. 分类

根据各代理商的综合加权分数可将代理商分成四类。第一类，5分及5分以上，优秀；第二类，3.5～4.99分，良好；第三类，2～3.49分，较差；第四类，2分以下，差。

4. 处理

对优秀者可给予经济上的奖励，如奖励相当于多少价值的某物品，或者按百分之几返还利润，为其增派促销辅助人员，紧缺利大商品优先供应，加强与代理商之间的感情和业务信息沟通等。

对较差者可帮助其寻找差距、分析原因、研究对策，使其尽快提高。

对差者可中断合作，其所留下的市场空间可由新的或者由现有的优秀代理商占有。

思考与练习

某医药企业根据市场需求投资生产新型感冒药，但目前市场上的同类产品很多，竞争激烈。该企业由于规模较小，经费有限，没有做全国性电视广告，只在S市做了几次电视广告。该企业在S市采用的是“总代理商—若干家分代理商—所有药店和医院”的分销渠道模式，并制定了最优惠的经济激励政策，但分销商的积极性仍然不高，销售形势一直不好。

问题：现假定企业派你前往S市，希望你能改进渠道，从而扭转这种局面。你会采取哪些措施？请你设计对渠道的绩效评价方案。